एकता की बोलती तस्वीरें

एकता की बोलती तस्वीरें

व्यथित हृदय

प्रकाशन विभाग
सूचना और प्रसारण मंत्रालय
भारत सरकार

प्रथम संस्करण : 1987 (शक 1909)
द्वितीय संस्करण : 1992 (शक 1914)
तृतीय संस्करण : 2004 (शक 1926)
चतुर्थ संस्करण : 2017 (शक 1939)
पंचम संस्करण : 2019 (शक 1941)

PD BN ISBN :978-81-230-3143-9
CHL-HIN-REP-032-2019-20

मूल्य : ₹ 75.00

प्रधान महानिदेशक, प्रकाशन विभाग, सूचना और प्रसारण मंत्रालय, भारत सरकार, सूचना भवन, सी.जी.ओ. कॉम्प्लेक्स, लोधी रोड, नई दिल्ली–110003 द्वारा प्रकाशित

वेबसाइट : www.publicationsdivision.nic.in

संपादन : फरहत परवीन
आवरण : आशा सक्सेना
आंतरिक सज्जा : राजिन्द्र कुमार

विक्रय केंद्र : प्रकाशन विभाग : सूचना भवन, सी.जी.ओ. कॉम्प्लेक्स, लोधी रोड, **नई दिल्ली**-110003; हॉल नं. 196, पुराना सचिवालय, **दिल्ली**-110054; 701, सी–विंग, 7वीं मंजिल, केंद्रीय सदन, बेलापुर, **नवी मुंबई**-400614; 8, एस्प्लेनेड ईस्ट, **कोलकाता**-700069; 'ए' विंग, राजाजी भवन, बेसेंट नगर, **चेन्नई**-600090; प्रेस रोड, निकट गवर्मेंट प्रेस, **तिरुअनंतपुरम**-695001; कमरा नं. 204, द्वितीय तल, सी.जी.ओ. टावर्स, कवादिगुडा, **हैदराबाद**-500080; प्रथम तल, 'एफ' विंग, केंद्रीय सदन, कोरामंगला, **बंगलुरू**-560034; बिहार राज्य सहकारी बैंक बिल्डिंग, अशोक राजपथ, **पटना**-800004; हॉल नं. 1, द्वितीय तल, केंद्रीय भवन, सेक्टर–एच, अलीगंज, **लखनऊ**-226024

टाइपसेटर : एएआर रिप्रोग्राफिक्स, लाजपत नगर–IV, नई दिल्ली–110024
मुद्रक : अरावली प्रिन्टर्स एण्ड पब्लिशर्स प्रा. लि., नई दिल्ली–110020

दो शब्द

भारत में विभिन्न जातियों, धर्मों, संप्रदायों, संस्कृतियों और भाषाओं के लोग रहते हैं। देश की रक्षा और उन्नति के लिए उन समस्त मनुष्यों में एकता होनी परमावश्यक है। प्रश्न है, उनमें एकता कैसे हो? उत्तर है, ऐसे साहित्य से, जो प्राणमय हो और जो समस्त मनुष्यों को एकता और बंधुता के सूत्र में बांधने में समर्थ हो। मैंने अपनी प्रस्तुत पुस्तक में ऐसी कहानियां और ऐसे कथात्मक चित्र प्रस्तुत किए हैं, जो एकता और बंधुता के लिए प्रेरणा तो देंगे ही, जन-जन के हृदय में प्रेम की गंगा भी बहाएंगे। मैं अपने को भाग्यशाली समझूंगा, यदि आज के भारतीय समाज के लिए मेरी यह पुस्तक अधिक उपयुक्त सिद्ध हो सकेगी।

मेरी आशाओं में फूल लगेंगे—मुझे पूर्ण विश्वास है।

—लेखक

विषय-सूची

एक ईश्वर—एक प्रार्थना

राम, रहीम और जॉन तीनों परस्पर घनिष्ठ मित्र थे। तीनों के मन में पर्वतारोहण के प्रति अतिशय प्रेम और उत्साह था। तीनों पर्वतारोहण संबंधी साहित्य तो पढ़ा ही करते थे, बड़े-बड़े पर्वतारोहियों की साहसपूर्ण कहानियां पढ़ने में भी बहुत रस लिया करते थे।

मार्च का महीना था। कुछ-कुछ गर्मी पड़ने लगी थी। राम, रहीम और जॉन ने गढ़वाल की ओर से पर्वतारोहण करने का निश्चय किया।

मार्च की इकत्तीस तारीख का प्रभात था। सूर्य की किरणें पूर्व की ओर से झांकने लगी थीं। पक्षी रह-रहकर चहचहा रहे थे। राम, रहीम और जॉन अपने-अपने यात्रा थैलों को अपने-अपने कंधे पर रखकर यात्रा के लिए निकल पड़े।

राम, रहीम और जॉन तीनों बड़े उत्साह से हिमालय की ओर बढ़ते चले जा रहे थे। उनका दृढ़ विश्वास था कि ईश्वर की शक्ति से उनकी यात्रा सफल होगी और उन्हें अपने लक्ष्य में सफलता प्राप्त होगी।

हिमालय की तराई की प्रभात बेला थी। सूर्य की सुनहरी किरणें तराई के आंगन में खेल रही थीं। दूर, बड़ी दूर तक सन्नाटा छाया हुआ था। हिमालय की मौन, ऊंची-ऊंची चोटियां सफेद चादर ओढ़े हुए खड़ी थीं। ऐसा लग रहा था, जैसे वे आकाश से कुछ कह रही हों।

राम, रहीम, जॉन तीनों अपने शिविर से बाहर निकले। तीनों शिविरों के बाहर बैठकर अपने ढंग से ईश्वर की प्रार्थना करने लगे।

राम, रहीम और जॉन जब अपनी-अपनी प्रार्थना समाप्त कर चुके तो उन्हें किसी का कोमल स्वर सुनाई पड़ा, "मेरे प्यारे बच्चो, ईश्वर-प्रार्थना के प्रति तुम्हारे प्रेम को देखकर मुझे बड़ा सुख पहुंचा है, पर क्या तुम बता सकते हो कि तुमने अपनी-अपनी प्रार्थना में ईश्वर से क्या कहा ?"

वह एक वृद्ध था। उसकी लंबी-लंबी सफेद दाढ़ी थी। उसकी दाढ़ी के लंबे-लंबे बालों में उसका मुखमंडल छिपा हुआ था, पर उसकी तेजस्वी आंखें स्पष्ट चमकती दिखाई पड़ रही थीं।

राम, रहीम और जॉन तीनों आश्चर्यचकित होकर साधु की ओर देखने लगे। उनसे साधु की बात का उत्तर देते नहीं बना।

साधु के होठों पर रहस्य से भरी मुस्कुराहट नाच उठी। उसने बड़े प्यार से तीनों की ओर देखते हुए मुस्कुराहट भरे स्वर में कहा, ''तुम नहीं बताओगे कि तुमने अपनी-अपनी प्रार्थना में ईश्वर से क्या कहा? मैं तुम्हें बता रहा हूं, तुमने अपनी-अपनी प्रार्थना में ईश्वर से क्या कहा?''

राम, रहीम और जॉन तीनों विस्मयपूर्ण नेत्रों से साधु की ओर देखने लगे।

साधु कुछ क्षणों तक मन-ही-मन सोचता रहा। फिर उसने बड़ी ही कोमल वाणी में अपने-आप ही कहा, ''तुमने अपनी-अपनी प्रार्थना में ईश्वर से जो कुछ कहा, क्या उसका सार यह नहीं है—''

''प्रारंभ करता हूं, परमात्मा के नाम से, जो परम कृपालु हैं, अतीव करुणावान हैं। प्रत्येक स्तुति परमात्मा के लिए ही है, जो सारे संसार का पालनकर्ता है।

परम कृपालु, अतीव करुणावान,

अंतिम दिन के स्वामी,

हे परमात्मा, हम तेरी ही भक्ति करते हैं और तुझसे ही याचना करते हैं। हमें सीधा रास्ता दिखा।

रास्ता उन लोगों को दिखा, जिनके ऊपर तुमने दया की है, न कि उनको, जिन पर तेरा प्रकोप हुआ, और न उनको, जो भ्रमित हुए।

मैं शपथ खाता हूं, संध्या की लालिमा की,

और रात्रि की, और उनकी, जिन्हें वह

समेट लेती हैं,

और चंद्रमा की, जब वह पूर्ण हो जाए,

कि तुम अवश्य क्रम-क्रम से विकास करोगे।

जो मार्ग पर चलता है, वह अपने ही कल्याण के लिए चलता है और जो पथभ्रष्ट हुआ, वह अपने ही कल्याण के लिए पथभ्रष्ट हुआ। कोई बोझ ढोने वाला दूसरे का बोझ नहीं ढोता।

अंधा और देखने वाला समान नहीं,

और न प्रकाश एवं अंधकार,

और न छाया एवं धूप,

और न जीवित एवं मृत।''

साधु की बात सुनकर रहीम सोल्लास बोल उठा, ''हां, हां बाबा, मैंने अपनी प्रार्थना में यही खुदा से कहा। बाबा! आपने जो कुछ कहा है, वह तो कुरान की वाणी है।''

रहीम की बात समाप्त होते-होते राम ने भी कहा, ''सचमुच, मैंने भी अपनी प्रार्थना में ईश्वर से यही कहा था। बाबा! आपने जो कुछ कहा है, वह तो वेद की वाणी है।''

जॉन ने भी राम और रहीम के स्वर में स्वर मिलाया। उसने कहा, ''बाबा ने जो कुछ कहा है, वह उसकी बाइबिल की वाणी है।''

साधु मुस्कुरा उठा। उसने मुस्कुराहट-भरे स्वर में कहा, ''मेरे प्यारे बच्चो! वेद, कुरान, बाइबिल और गुरु ग्रंथ साहिब—चारों पवित्र धार्मिक ग्रंथ हैं। चारों के अलग-अलग नाम अवश्य हैं, पर चारों में एक ही प्रकार की बातें लिखी हैं— ईश्वर दो या तीन नहीं, केवल एक है। जब ईश्वर एक है, तो उसके संबंध में लिखी हुई बातें क्यों नहीं एक-सी होंगी?''

''वेद, कुरान, बाइबिल और गुरुग्रंथ साहिब में ईश्वर की जो प्रार्थनाएं हैं, उनका भाव एक ही है। प्रार्थनाओं के ढंग और शब्द अलग-अलग हो सकते हैं, पर उनका भाव एक ही है। वे एक समान ही परमात्मा को प्रभावित और दया करने के लिए उत्साहित करती हैं।''

जॉन ने आश्चर्य के साथ कहा— ''बाबा, तो क्या हम तीनों एक ही परमात्मा की प्रार्थना करते हैं?''

साधु ने उत्तर दिया, ''केवल तुम तीनों ही नहीं, संसार के सभी लोग एक ही परमात्मा की प्रार्थना करते हैं और उनकी प्रार्थनाओं का एक ही भाव है।''

राम विचारों की तरंगों में डूब गया। रहीम ने साधु की ओर देखते हुए बड़ी उत्कंठा से प्रश्न किया, ''बाबा! जब संसार के लोग एक ही परमात्मा की प्रार्थना करते हैं और उनकी प्रार्थनाओं का एक ही भाव है, तो उनमें परस्पर इतना गहरा भेद क्यों देखने को मिलता है?''

साधु ने उत्तर दिया, ''इसलिए कि, वे परमात्मा की प्रार्थना तो करते हैं, पर परमात्मा के सच्चे रूप को नहीं समझते। वे परमात्मा की प्रार्थना में जो शब्द अपने मुंह से निकालते हैं वे उन शब्दों के अर्थों पर ध्यान नहीं देते। यदि वे उनको हृदयंगम करने की चेष्टा करें, तो संसार में फैला अंधकार अपने-आप ही दूर हो जाएगा तथा संसार में चारों ओर प्रेम, शांति और बंधुता का प्रकाश ही प्रकाश दिखाई पड़ने लगेगा।''

साधु अपनी बात समाप्त करते-करते विचारों की लहरों में डूब गया।

राम ने बड़ी उत्कंठा से साधु की ओर देखते हुए प्रश्न किया, ''बाबा, आप अपनी बात समाप्त करते-करते किस विचार में डूब गए?''

साधु ने सोचते हुए उत्तर दिया, ''मेरे प्यारे बच्चो, मैं यह सोच रहा हूं, क्या ईश्वर का कोई ऐसा साहसी बेटा नहीं, जो संसार के लोगों को यह सुनाने में अपना जीवन समाप्त कर दे, हे संसार के लोगों, तुम आपस में लड़ते क्यों हो? तुम सबका एक ही परमात्मा है, एक ही आश्रय-स्थान है। उस आश्रय-स्थल में पहुंचने के लिए तुम्हारे रास्ते अलग-अलग हो सकते हैं, पर तुम्हारी चाह में, तुम्हारी व्याकुलता में कोई और नहीं है। तुम सब एक ही चीज को प्राप्त करना चाहते हो, एक ही स्थान पर पहुंचना चाहते हो और वह है शांति।''

साधु के मुखमंडल पर गंभीरता की छाया-सी दौड़ गई। वह अपनी बात समाप्त करते हुए अपने विचारों में पुनः डूब गया।

राम साधु की ओर देखता हुआ कुछ क्षणों तक मन ही मन सोचता रहा, फिर बड़े ही उत्साह के साथ बोला, ''मैं आपकी इच्छा पूर्ण करूंगा बाबा। मैं मानवीय एकता के प्रचार में अपना जीवन अर्पित करूंगा।''

राम ने अपनी बात समाप्त की ही थी कि रहीम भी बड़े जोश के साथ बोल उठा, ''और मैं भी बाबा! मैं संसार के लोगों को समझाऊंगा, संसार के लोगों, तुम आपस में विग्रह की आग न जलाओ। तुम्हें एक ही जगह जाना है, तुम्हारा एक ही परमात्मा है।''

राम और रहीम की भांति जॉन ने भी अपने मन के भाव को व्यक्त किया। उसने भी बड़े उत्साह और हर्ष के साथ कहा, ''और मैं भी बाबा! मानवीय एकता के प्रचार में, अपने-आपको मिटा दूंगा।''

साधु का गंभीर मुखमंडल प्रसन्नता से उद्दीप्त हो उठा। उसने प्रसन्नता भरे स्वर में कहा, ''जाओ मेरे प्यारे बच्चो! संसार के मनुष्यों को ईश्वर और उसकी प्रार्थना का रहस्य समझाओ। उनसे कहो, ''ईश्वर और उसकी प्रार्थना का रहस्य है— एकता, प्रेम, बंधुता और पारस्परिक सद्भाव।''

साधु ने अपना हाथ उठाकर राम, रहीम और जॉन को आशीर्वाद दिया। राम, रहीम और जॉन ने देखा, साधु उन्हें आशीर्वाद देकर बर्फ से ढकी हुई हिमालय की चोटियों की ओर चला जा रहा है। कुछ क्षणों के पश्चात वह उनके दृष्टिपथ से अदृश्य हो गया। उन्हें ऐसा लगा, जैसे वह स्वयं हिमालय की ऊंची चोटी बन गया हो।

राम, रहीम और जॉन तीनों के मन में आनंद का महासागर लहरा उठा। उन्हें लगा मानो उन्होंने हिमालय की ऊंची चोटियां लांघ ली हों, मानो उन्हें अपने लक्ष्य में बहुत बड़ी सफलता प्राप्त हो गई हो।

राम, रहीम और जॉन तीनों पीछे की ओर लौट पड़े। तीनों बस्तियों में घूम-घूमकर प्रचार करने लगे, ''हे लोगो, तुम आपस में भेद की दीवारें मत बनाओ। तुम जिस धर्म, संस्कृति और ईश्वर के नाम पर भेद की दीवारें खड़ी कर रहे हो, वह अलग-अलग नहीं, बल्कि एक ही है।''

लोग बड़े आश्चर्य और बड़ी उत्कंठा के साथ राम, रहीम और जॉन की उस वाणी को सुनने लगे, जिसमें दैवी चमत्कार घुला था।

घट-घट में है साईं रमता

कबीर महान संत थे। वह न हिंदू थे, न मुसलमान थे। वह मनुष्य थे, केवल मनुष्य। उन्होंने एक महामानव के रूप में ईश्वर का संदेश दिया है। उनका संदेश सबके लिए है, अखिल विश्व के मानव के लिए है।

कबीर ने जो साखियां, पद और रमैनियां लिखी हैं वे भी सबके लिए हैं, अखिल विश्व मानव के लिए हैं। उनकी रमैनियों में जो प्रेम-रस है, उनमें एक-सा स्वाद मिलता है। उन्होंने अपने पदों में बार-बार राम का नाम अवश्य लिया है, पर उनके राम और खुदा में कोई अंतर नहीं है। वह राम को ही खुदा और खुदा को ही राम मानते हैं। नीचे की पंक्ति में कबीर के राम ने अपनी विराटता को ही प्रकट किया है—

''पांच सखी मिलि मंगल गावहु, मेरे घर आए राजा राम भरतार।''

कबीर के शब्दों में आत्मा पांचों इंद्रियों से कहती है— ''हे सखियो तुम मंगल-गान करो, आज मेरे स्वामी राजा राम अर्थात् परमात्मा घर पर आएंगे।''

क्या, यह पंक्ति मज़हब के घेरे में बंधे हुए किसी विशेष मनुष्य के लिए है? नहीं, यह पंक्ति सभी मनुष्यों के लिए है।

कबीर ने इसी प्रकार अपने अन्य सभी पदों में लोक-कल्याण के लिए ही प्रेम का रस बहाया है। उनके द्वारा रचित नीचे के पदों में जन-जन के कल्याण का ही प्रेम-रस छलकता हुआ दिखाई पड़ता है—

''तोको पीव मिलेंगे, घूंघट का पट खोल रे।
घट-घट में वह साईं रमता, कटुक वचन मत बोल रे॥
धन-जौबन का गरब न कीजै, झूठा पचरंग चोल रे।
सुन्न महल में दीया बार ले, आसन से मत डोल रे॥
जोग-जुगत सों रंग-महल में, पिय पायो अनमोल रे।
कहैं 'कबीर' आनंद भयो है, बाजत अनहद ढोल रे॥''

नीचे की पंक्तियों में जो रस सागर छलक रहा है, उसमें भी सभी धर्मों और सभी संप्रदायों के मनुष्य एक साथ गोता मार सकते हैं, एक ही समान आनंद प्राप्त कर सकते हैं—

''नैहरवा हमको ना भावै।

साईं की नगरी, परम अति सुंदर, जहं कोई जाए न आवै।

चांद-सूरज जहं पवन न पानी, को संदेस पहुंचावै।

दरद यह साईं को सुनावै॥

आगे चले पंथ नहीं सूझै, पीछे दोस लगावै।

केहि विधि ससुरे जाऊं मेरी सजनी, विरहा जोर जनावै॥

विषय-रस नाच नचावै।

बिन सतगुरु अपनौ नहीं कोउ, जो यह राह बतावै॥

कहत 'कबीर' सुनो भाई साधो, सपने न प्रीतम पावै।

तप न यह जिय की बुझावै॥''

भिन्न-भिन्न धर्मों, मज़हबों और जातियों में बंटे हुए मनुष्यों को एक स्थान पर बिठाने के लिए ही, कबीर ने धरा-धाम पर जन्म लिया था। उनका जन्म काशी में उस समय हुआ था जब दिल्ली के तख़्त पर सिकंदर लोदी था और सारे भारत में अशांति की आग जल रही थी। कबीर ने उन्हीं दिनों सामने आकर बड़ी निर्भीकता के साथ कहा— ''जो राम है, वही खुदा है। एक राम की ही ज्योति हिंदू-मुसलमान दोनों में विद्यमान है। हिंदू और मुसलमान दोनों भूले हुए हैं। दोनों में, किसी को भी सच्ची राह नहीं मिली है।''

कबीर ने केवल इतना ही नहीं कहा, उन्होंने उन मौलवियों और पंडितों की भी तीखी आलोचना की जो मुसलमानों और हिंदुओं को ग़लत रास्ते पर ले जा रहे थे। उन्होंने बड़े साहस के साथ चेतावनी देते हुए कहा— ''मौलवी और पंडित दोनों ईश्वर को नहीं जानते। दोनों ईश्वर के नाम पर जो कुछ कर रहे हैं, वह अज्ञानता है— निरी अज्ञानता।''

कबीर की इस निर्भीकता के लिए सिकंदर लोदी से उनकी शिकायत की गई। सूफ़ी संत शेख तकी ने स्वयं सिकंदर लोदी के पास जाकर कहा— ''कबीर काशी में इस्लाम के विरुद्ध प्रचार कर रहे हैं। यदि उन्हें रोका नहीं गया, तो इस्लाम की बहुत बड़ी हानि हो सकती है।''

इतिहास के पन्नों से पता चलता है कि शेख तकी के बहकावे में आकर सिकंदर लोदी ने कबीर के हाथ-पैर बंधवाकर गंगा में डलवा दिया था, पर कबीर का बाल भी बांका नहीं हुआ। उन्होंने अपनी इन पंक्तियों में स्वयं इस घटना का वर्णन किया है—

''गंगा गुसाइन गहिर गंभीर, जंजीर बांधि कर खरे कबीर।

गंगा की लहर मेरी टूटी जंजीर, मृगछाला पर बैठे कबीर॥''

आख़िर, कबीर की आलौकिक शक्तियों को देखकर, लोदी को भी उनके सामने नतमस्तक होना पड़ा। कबीर बहुत दिनों तक काशी में ही रहे। उन्होंने काशी में रहते हुए पंजाब की भी यात्रा की। उन्होंने काशी से लेकर पंजाब तक एक ही संदेश दिया था— ''ईश्वर एक है। ईश्वर और धर्म के नाम पर मानव का रक्त बहाना पाप है, गुनाह है।''

अपने जीवन के अंतिम दिनों में कबीर काशी को छोड़कर गोरखपुर जिले में मगहर चले गए थे। उन दिनों लोगों का विश्वास था कि काशी में मरने से मोक्ष मिलता है और मगहर में मरने से नरक में

वास करना पड़ता है। लोगों के इस विश्वास से कबीर के हृदय को बड़ी चोट लगी। वह काशी को छोड़कर पुनः मगहर चले गए। उन्होंने कहा—

''जो कबीरा काशी मरे, रामहि कौन निहोर।''

कबीर ने अपने जीवन में आदि से अंत तक एकता का ही संदेश दिया। उनका जाति-पांति में, छुआछूत में और ऊंच-नीच में बिल्कुल विश्वास नहीं था। वह मनुष्य मात्र को ईश्वर की ही संतान मानते थे। उन्होंने बड़े ही स्पष्ट शब्दों में कहा है—

''साईं के सब जीव हैं, कीरी कुंजर होय।''

कबीर के जन्म और उनकी मृत्यु से संबंधित घटनाओं से भी एकता का संदेश मिलता है। उनका जन्म एक विधवा ब्राह्मणी के गर्भ से हुआ था पर उनका पालन-पोषण नीमा और नीरू नामक जुलाहे ने किया था। इस तरह वह हिंदू और मुसलमान दोनों थे या फिर दोनों में से वह एक भी नहीं थे।

कबीर की मृत्यु मगहर में हुई थी। उनकी मृत्यु होने पर मुसलमान उनके शव को क़ब्र में दफ़नाना चाहते थे और हिंदू जलाना चाहते थे। दोनों में शव को लेकर एक विग्रह उत्पन्न हो उठा, पर जब शव के ऊपर से चादर उठाई गई, तो कुछ पुष्पों को छोड़कर और कुछ नहीं था। हिंदुओं और मुसलमानों ने आधे-आधे पुष्प बांट लिए। गोरखपुर के नवाब ने बड़े समारोह के साथ उन पुष्पों को मगहर की धरती में दफ़नाकर कबीर की कब्र बनवाई। वहां आज भी कबीर की कब्र मौजूद है जो एकता का संदेश देती है।

आधे पुष्पों को काशी नरेश ने ग्रहण किया। उन्होंने काशी में उन पुष्पों का वैदिक रीति से अंतिम संस्कार करके, उनकी समाधि बनवाई। एकता का संदेश देती कबीर की समाधि आज भी काशी में मौजूद है।

एक मंदिर एक मस्जिद

एक मंदिर और एक मस्जिद दोनों पास-ही-पास बने थे।

मंदिर, मस्जिद दोनों में परस्पर बड़ा प्रेम था, बड़ा सौहार्द था। दोनों बड़े प्रसिद्ध भी थे। उनके संबंध में चारों ओर यह बात फैली हुई थी कि जो उनमें प्रार्थना करता है, उसकी पुकार अवश्य सुनी जाती है।

मंदिर-मस्जिद में प्रार्थना करने वालों की भीड़ लगी ही रहती थी। मंदिर-मस्जिद जहां भी जिसको जगह मिलती थी, वह उसी के भीतर चला जाता था, बेखटके प्रार्थना करता था। मंदिर न केवल हिंदू का था, मस्जिद न केवल मुसलमान की थी। दोनों प्रार्थना-घर थे, केवल प्रार्थना-घर।

मंदिर में घंटा बजता था, मस्जिद में अज़ान होती थी। मंदिर में कीर्तन होता था, मस्जिद में नमाज़ होती थी। मंदिर-मस्जिद दोनों भाई-बहन की तरह रहते थे। जैसे सच्चे भाई-बहन साथ-ही-साथ रहते, साथ-ही-साथ खाते और साथ-ही-साथ पढ़ते-लिखते हैं, उसी प्रकार मंदिर-मस्जिद भी अपना सारा काम-काज साथ-ही-साथ करते थे।

एक बार मस्जिद के यश की कहानी सुनकर दूर देश से एक बादशाह आया। बादशाह के साथ उसके बहुत से सैनिक भी थे। बादशाह बड़ी श्रद्धा से नमाज़ पढ़ने लगा पर बादशाह जब नमाज़ पढ़ने लगा, तो उसके साथ ही मंदिर में घंटा भी बज उठा।

घंटे की आवाज़ से बादशाह की नमाज़ टूट गई। वह क्रोधित हो उठा। उसने हुक्म दिया— "मंदिर के पुजारियों से कहो कि घंटा बंद कर दें।"

बादशाह का आदेश मंदिर में जाकर सुना दिया गया पर मंदिर का घंटा बजता ही रहा, क्योंकि आज तक कभी ऐसा नहीं हुआ था।

पर बादशाह के तो हृदय में क्रोध की आग भड़क उठी। वह बिना नमाज़ पढ़े ही बाहर आ गया।

बादशाह अधिक क्रोधावेश में था। वह मस्जिद के बाहर निकल ही रहा था कि उसके पैर में ठोकर लगी। अंगूठा फूट गया, उससे रक्त निकलने लगा। बादशाह के क्रोध की आग और भड़क उठी। उसने मंदिर की ओर बड़ी क्रूरता की दृष्टि से देखा। उसे ऐसा लगा मानो उसके पैर में ठोकर लगना मंदिर की ही एक चाल हो।

मस्जिद के बाहर एक पागल-सा फ़क़ीर बैठा करता था। उसके संबंध में लोगों का मत था कि वह साक्षात देवता है।

बादशाह के पैर के अंगूठे में ठोकर लगने पर फ़क़ीर बड़े ज़ोर से हंस पड़ा। बादशाह ने फ़क़ीर को भी कठोर दृष्टि से देखा। बादशाह तो मौन ही रहा, पर उसके साथ के सैनिक-सिपाही अपने को रोक न सके। उनमें से एक ने फ़क़ीर के पास जाकर बड़े ही क्रोध के स्वर में कहा— "जानता है तू किसके पैर में ठोकर लगने पर हंस रहा है?"

फ़क़ीर बड़ी ही निर्भीकता के साथ बोल उठा— "हां, हां, जानता हूं, वह बादशाह है। मंदिर की ओर क्रूर दृष्टि से देखने पर उसे ठोकर नहीं लगेगी तो क्या होगा?" और बादशाह से कहा, "मंदिर भी खुदा का ही घर है।"

फ़क़ीर ने बात इतने ज़ोर से कही थी कि वह बादशाह के कानों के परदों से होती हुई उसके हृदय के तारों में भी गूंज उठी पर बादशाह तो क्रोधावेश में था। उसने फ़क़ीर की बात पर ध्यान नहीं दिया।

बादशाह लौटकर चला गया पर कुछ ही दिनों के पश्चात वह फिर एक बहुत बड़ी सेना लेकर आ गया। उसकी सेना मंदिर पर टूट पड़ी। मंदिर टूट गया। वह एक खंडहर के समान बन गया।

बादशाह अपनी विजय पर प्रसन्न होकर चला गया पर मंदिर का खंडहर अब भी मस्जिद की बग़ल में मौजूद था। मंदिर में अब न घंटा बजता, न आरती होती, न कीर्तन होता, न भजन-भाव होता। दिन-रात सन्नाटा, दिन-रात उदासी।

उधर मस्जिद में अब भी अज़ान होती, अब भी नमाज़ पढ़ी जाती, अब भी चहल-पहल रहती पर मस्जिद के भीतर अब वह आभा न दिखाई पड़ती थी, जो पहले थी। जैसे किसी ने मस्जिद के भीतर से उसके प्राण खींच लिए हों। मस्जिद का ढांचा अवश्य खड़ा था, पर वह निस्तेज था, निष्प्राण था।

मस्जिद से मंदिर की उदासी न देखी गई। मस्जिद जब मंदिर के टूटे हुए स्वरूप को देखती, तो उसका हृदय चूर-चूर हो जाता। फकीर अब मस्जिद के द्वार पर बैठा करता था। वह लोगों को गा-गाकर सुनाया करता था—

''टूटा मंदिर मस्जिद रोती,
अजब खुदा का खेल।
सोने वालो, कब समझोगे
कहो खुदाई मेल।''

फ़क़ीर का गीत हिंदू-मुसलमान सभी सुनते पर कोई ध्यान न देता। लोग सोचते, ''वह पागल है। यों ही प्रलाप किया करता है।''

फ़क़ीर के गीत पर किसी ने ध्यान न दिया, पर मस्जिद ने तो मन ही मन अपने कर्त्तव्य का निश्चय कर लिया।

एक दिन संध्या का समय था। सहसा आकाश में काले-काले बादल मंडरा उठे। रह-रह कर बिजली चमकने लगी।

बिजली की चमक और बादलों की गरज के साथ-ही-साथ मूसलाधार वृष्टि भी होने लगी। वृष्टि के साथ-ही-साथ तेज़ हवा भी चलने लगी।

रातभर पानी और आंधी का वेग बना ही रहा। सवेरे जब आंधी और पानी का वेग रुका, तो लोग अपने-अपने घरों से बाहर निकले। लोगों ने बड़े आश्चर्य के साथ देखा कि मस्जिद ढह गई थी। अब वह एक खंडहर के रूप में थी।

लोगों का हृदय कांप उठा। कोई कुछ कह रहा था, तो कोई कुछ पर फ़क़ीर अपनी धुन में मस्त था। वह उस समय भी लोगों को सुना-सुनाकर कह रहा था—

''मंदिर का दुख देख के यारो,
मस्जिद है बर्बाद हुई?
अरे खुदा के बंदो बोलो,
किसे खुदा की याद हुई?''

पर कौन सुनता है फ़क़ीर के गाने को। लोग उसे सुनकर भी नहीं सुनते थे, पागल का प्रलाप मात्र समझते थे।

मस्जिद के ढह जाने की ख़बर बादशाह के कानों में भी पड़ी। उसके हृदय को बड़ी चोट लगी। वह बहुत से मज़दूर और राजगीर लगाकर फिर नए ढंग से मस्जिद का पुनर्निर्माण कराने लगा।

मस्जिद बनकर तैयार हो गई पर आश्चर्य, मस्जिद का उद्‌घाटन समारोह होने ही वाला था कि मस्जिद फिर अपने-आप ही ढह गई।

बादशाह ने दुबारा बहुत से मज़दूर और राजगीर लगाकर मस्जिद का निर्माण कराया पर मस्जिद को तो गिरना था और वह फिर समतल हो गई।

बादशाह ने इसी प्रकार कई बार मस्जिद का निर्माण कराया पर जितनी बार भी मस्जिद का निर्माण कराया मस्जिद ढहती ही गई। आख़िर, वह हार मानकर बैठ गया।

मंदिर-मस्जिद दोनों बहुत दिनों तक खंडहर के रूप में खड़े रहे। अब मंदिर की तरह मस्जिद में भी न अज़ान होती, न नमाज़ पढ़ी जाती। मंदिर-स्थान पर जिस तरह का सन्नाटा और उदासी थी, उसी तरह का सन्नाटा और उदासी अब मस्जिद-स्थान पर आ गई। मंदिर-मस्जिद दोनों ने सच्चे भाई-बहन की तरह अपने को सांचे में ढाल लिया।

पर मस्जिद के द्वार पर अब भी पागल फ़क़ीर बैठा रहता और वह अब भी लोगों को गा-गाकर सुनाया करता था—

''मंदिर-मस्जिद दोनों यारो,
एक खुदा के मेल।
सोने वालो कब समझोगे,
कहो खुदाई खेल।''

पर फ़क़ीर के गीत को सुनने का किसे अवकाश था? लोग मंदिर और मस्जिद की इस उदासी को ईश्वर का कोप अवश्य मानते थे, पर फिर भी कोई फ़क़ीर के 'खुदाई मेल' के रहस्य को समझने का प्रयास न करता।

कई वर्ष बीत गए। मंदिर और मस्जिद दोनों खंडहर के रूप में खड़े रहे।

आख़िर मंदिर का भाग्य फिर चमका, फिर समय ने पलटा खाया।

एक दिन मंदिर की प्राचीनता और उसकी सिद्धि की कहानी सुनकर एक धनी भक्त उसके खंडहर को देखने के लिए गया। मंदिर को देखकर उसके हृदय में बड़ी चोट लगी। उसने मंदिर के पुनर्निर्माण का व्रत लिया।

मंदिर नए ढंग से बनने लगा। कुछ ही दिनों में खंडहर के स्थान पर एक भव्य मंदिर बनकर तैयार हो गया। मस्जिद अब भी बिखरी पड़ी थी पर उसके भीतर जैसे आभा-सी खेल रही थी। मंदिर के पुनर्निर्माण ने भग्न मस्जिद के होठों पर हंसी बिखेर दी थी।

पर स्वयं मंदिर उदास था। उसे अपने नए रूप से तनिक भी प्रसन्नता नहीं हो रही थी। जैसे कोई सच्चा भाई अपनी बहन को दुख में देखकर उदास रहता है, वही हाल मंदिर का था। मंदिर का ढांचा, चमक-दमक से भरपूर था पर स्वयं मंदिर के मन में ही विषाद का सागर छलक रहा था।

परंतु मंदिर के मन के दुख को समझने का किसी को अवकाश कहां था? सब मंदिर के पुनर्निर्माण की प्रसन्नता में पागल से हो रहे थे।

लेकिन मंदिर को तो अपनी बहन मस्जिद के दुख में हाथ बंटाना ही था।

दोपहर का समय था। मंदिर के भीतर भगवान की मूर्ति की स्थापना होने जा रही थी। बड़े-बड़े सेठ और विद्वान मंदिर में एकत्र थे। मंत्रों के उच्चारण के साथ-ही-साथ भजन और कीर्तन की स्वर-लहरियां भी वायुमंडल में गूंज रही थीं।

पर आश्चर्य, सहसा मंदिर एक भयानक शब्द से गूंज उठा। लोग भयभीत होकर, मंदिर से भाग निकले। लोगों ने बड़े आश्चर्य के साथ देखा, मंदिर ढह रहा है।

देखते-ही-देखते मंदिर ढहकर खंडहर के रूप में परिणत हो गया।

धनी भक्त का हृदय दुख से बैठ गया। वह सोचने लगा, ''वह अब क्या करे, क्या न करे?''

धनी भक्त मस्जिद के बार-बार ढह जाने की कहानी सुन चुका था। उसके कानों में फ़क़ीर के गीतों की शब्दावली भी पड़ चुकी थी। वह बड़ा बुद्धिमान था।

उसने सोचा, ''क्यों न मंदिर के साथ-ही-साथ मस्जिद का भी निर्माण कराया जाए। बादशाह ने अकेली मस्जिद का निर्माण कराया, पर मस्जिद ढह गई और जब मैंने मंदिर का निर्माण कराया, तो मंदिर भी ढह गया। एक बार दोनों का एक साथ निर्माण कराया जाए।''

कुछ ही दिनों में मंदिर-मस्जिद दोनों बनकर तैयार हो गए। दोनों के अधरों पर एक मुस्कान थी। दोनों एक-दूसरे के गले मिलकर आनंद में मग्न हो गए। उसी प्रकार जिस प्रकार सच्चे भाई-बहन एक-दूसरे के गले मिलकर स्नेहानंद में डूब जाते हैं।

मंदिर में फिर घंटा बजने लगा, मस्जिद में अज़ान होने लगी। घंटे और अज़ान की आवाज़ साथ-साथ गूंजने लगी, गूंज-गूंजकर लोगों को ईश्वर के एकत्व का संदेश देने लगी।

हिंदू, मुसलमान और सिख

संध्या का समय था। मैं टेलीविजन देख रहा था। एक नाटक आरंभ हुआ। नाटक में तीन-चार लड़के जो भिन्न-भिन्न पहनावे में थे, पर्दे पर आकर गाने लगे—

''ना हिंदू, ना मुसलमान हम,
नहीं सिख, क्रिस्तान हम।
धर्म देश की सेवा हमारा,
हम सच्चे इंसान।''

नाटक तो समाप्त हो गया, पर ''ना हिंदू, ना मुसलमान'' गीत मेरे मन पर छा गया। मैं सोचने लगा, क्या इस गीत के अनुसार ही मेरा जीवन भी है? क्या हम सचमुच हिंदू, मुसलमान, सिख और ईसाई न होकर केवल इंसान हैं। यदि हम ऐसे होते तो देश का बंटवारा क्यों होता? बंटवारा होने के बाद भी लोग हिंदू, मुसलमान, सिख और ईसाई के नाम पर आपस में क्यों झगड़ते हैं?

हम हों, या न हों, पर हमारे पूर्वजों, संतों एवं महान विभूतियों ने हमें हिंदू-मुसलमान नहीं, एक सच्चा इंसान बनकर सबके साथ प्रेमपूर्वक ही व्यवहार करने की शिक्षा दी है।

कई सौ वर्ष पूर्व गुजरात में एक राजा राज करता था। राजा का नाम सिद्धराज था। सिद्धराज बड़ा न्यायप्रिय और प्रतापी राजा था।

सिद्धराज के राज्य में हिंदू, मुसलमान और अन्य धर्मों के सभी लोग रहा करते थे। सिद्धराज हिंदू थे परंतु न्याय करने में धर्म आड़े नहीं आता था। वह सबके साथ समानता बरतते थे।

एक बार सिद्धराज के राज्य में सांप्रदायिक दंगे भड़क उठे। उन दंगों में एक वर्ग का काफ़ी नुकसान हो गया।

वे बड़े दुखी हो उठे। उन्होंने सिद्धराज के दरबार में पहुंचकर न्याय के लिए पुकार की।

सिद्धराज ने अपराधी लोगों को गिरफ्तार करके उन्हें कड़ी-से-कड़ी सज़ा दी। इतना ही नहीं, सिद्धराज ने राज्यकोष के धन से उनके धार्मिक स्थलों का नए सिरे से निर्माण भी करा दिया।

क्या आज हिंदू-मुसलमान शासक और नागरिक सिद्धराज का सा आचरण करते हैं? सिद्धराज का-सा आचरण करने पर ही उन्हें सच्चे इंसान की संज्ञा प्राप्त हो सकती है।

एक-दूसरे के साथ सिद्धराज जैसा आचरण करने में ही देश में परस्पर प्रेम, सौहार्द और एकता स्थापित हो सकती है।

क्या तुमने हुमायुं का नाम सुना है? हुमायुं एक मुसलमान बादशाह था जो दिल्ली में राज्य करता था। हुमायुं का राज्य दिल्ली में ही नहीं, भारत के बहुत से भागों में फैला हुआ था।

हुमायुं बड़ा शूरवीर था। वह बड़े ऊंचे विचारों का नेक इंसान था। वह था तो मुसलमान पर हिंदू-मुसलमान सबके साथ एक-सा ही व्यवहार करता था।

जिन दिनों हुमायुं दिल्ली के राजसिंहासन पर आसीन था, उन दिनों मेवाड़ में महारानी कर्णवती का राज्य था। मेवाड़ के राणा स्वर्गवासी हो चुके थे, कुमार अभी थोड़ी आयु के थे। अत: शासन-सूत्र का संचालन महारानी कर्णवती के द्वारा ही हो रहा था।

उन दिनों मेवाड़ की दशा दयनीय थी। राणा की मृत्यु से चारों ओर अस्त-व्यस्तता फैली हुई थी। गुजरात के मुसलमान बादशाह ने इस अवसर का लाभ उठाकर, मेवाड़ पर आक्रमण कर दिया। मेवाड़ पर विपत्तियों के काले-काले बादल मंडरा उठे। चारों ओर निराशा का गहरा अंधेरा-सा छा गया।

कर्णवती ने बहुत कुछ सोचा, बहुत कुछ विचार किया, पर उन्हें ऐसा कूल या किनारा न मिला, जहां वे मेवाड़ की डगमगाती नाव को लगा सकें। आख़िर उन्हें हुमायुं की याद आई। जिस प्रकार एक बहन अपने सगे भाई को कलाई पर राखी बांधकर उससे अपनी सुरक्षा और सहायता के लिए वचन प्राप्त करती है, उसी प्रकार कर्णवती ने हुमायुं को अपना भाई मानकर सहायता के लिए राखी भेजी।

हुमायुं उन दिनों बंगाल में था और लड़ाई में फंसा हुआ था। अत: कर्णवती की राखी हुमायुं को बड़ी देर से मिली। हुमायुं कर्णवती की राखी पाकर हर्ष में डूब गया। वह एक सच्चे भाई की तरह एक बहुत बड़ी सेना लेकर कर्णवती की सहायता के लिए मेवाड़ की ओर चल पड़ा।

पर हुमायुं के पहुंचने से पूर्व ही गुजरात के बादशाह ने एक बहुत बड़ी सेना लेकर मेवाड़ पर आक्रमण कर दिया। कर्णवती कोई उपाय न देखकर, कई हज़ार राजपूत स्त्रियों के साथ चिता में जलकर भस्म हो गई।

हुमायुं जब मेवाड़ पहुंचा तो उसे कर्णवती की राख मिली। हुमायुं क्रुद्ध हो उठा। उसने उसी समय गुजरात के बादशाह पर आक्रमण कर दिया और उसे राजसिंहासन से उतारकर राज्य पर अपना अधिकार कर लिया।

क्या आज के समाज में हुमायुं के समान कोई सच्चा इंसान मिलेगा? हुमायुं मुसलमान था, कर्णवती हिंदू थी। कर्णवती ने हिंदू-मुसलमान से ऊपर उठकर हुमायुं को अपना भाई मानकर उसके पास राखी भेजी थी, और हुमायुं ने भी हिंदू-मुसलमान से ऊपर उठकर, एक सच्चे इंसान के रूप में उसकी सहायता के लिए प्रयास किया। यद्यपि हुमायुं समय पर न पहुंच सका, पर कर्णवती की चिता को देखकर उसके हृदय में प्रतिशोध की जो आग भड़की थी, वह एक सच्चे भाई के हृदय की आग थी।

आज के समाज में यदि कर्णवती और हुमायुं की भांति ही लोग आचरण करें तो समाज की वह खाई बड़ी सरलता से पट सकती है जो लोगों को पग-पग पर व्याकुल बनाए हुए है।

कौन ऐसा है, जिसने महाराष्ट्र केसरी शिवाजी का नाम न सुना हो। शिवाजी कट्टर हिंदू थे, पर उसके साथ-साथ वह सच्चे इंसान भी थे। वह अपने देश और समाज की भलाई के लिए अपने शत्रुओं के साथ भी एक सच्चे इंसान जैसा ही व्यवहार करते थे।

संध्या का समय था। शिवाजी अपने शिविर में विराजमान थे। वह बड़ी व्याकुलता के साथ अपने सेनापति माधव भामलेकर के लौटने की बाट देख रहे थे। वह लड़ाई के मैदान में गया था।

अकस्मात् भामलेकर शिवाजी के सामने उपस्थित हुआ। उसके हाथ में एक पुस्तक थी। उसके पीछे तीन-चार सिपाही भी आए, जो एक डोला लिए हुए थे। सिपाही शिवाजी के सामने डोला रखकर चले गए।

भामलेकर शिवाजी को प्रणाम करते हुए बोल उठा— ''महाराज, मुगल सेना दूर तक खदेड़ दी गई है। मुगल सेनापति बहलोल प्राण बचाकर भाग गया। अब वह फिर कभी आक्रमण करने का साहस नहीं करेगा।''

शिवाजी ने बड़ी प्रसन्नता के साथ भामलेकर की बात सुनी पर सामने डोले की ओर देखते ही देखते उनके मुख-मंडल पर गंभीरता दौड़ गई। उन्होंने डोले की ओर गंभीरता से देखते हुए पूछा, ''यह क्या है ?''

भामलेकर बड़ी ज़ोर से हंस पड़ा। उसने हंसते हुए गर्व के साथ उत्तर दिया— ''महाराज, इसमें सबसे अधिक सुंदर बहलोल की बेगम है। मैं इसे भेंटस्वरूप आपके लिए लाया हूं। साथ में मुसलमानों का धार्मिक ग्रंथ कुरान भी है।''

महाराज शिवाजी भामलेकर की बात सुनकर और भी गंभीर हो उठे। जब तक शिवाजी कुछ कहें और न कहें, भामलेकर पुनः बोल उठा, ''महाराज मुसलमानों ने हिंदू स्त्रियों और हिंदू धर्म-ग्रंथों का बड़ा अपमान किया है। आप भी जीभरकर बदला लीजिए।''

शिवाजी की आंखों में क्रोध भर आया। उन्होंने क्रोध भरी दृष्टि से भामलेकर की ओर देखा और भामलेकर का मस्तक झुक गया।

शिवाजी चुपचाप अपने स्थान से उठे। उन्होंने कुरान को आदर सहित हाथ में लिया। फिर वे डोले के पास गए। उन्होंने अपने हाथ से डोले का पर्दा उठाकर बहलोल की बेगम को बाहर आने का आदेश दिया।

डरी और सिकुड़ी हुई बहलोल की बेगम डोले से बाहर निकलकर शिवाजी के सामने खड़ी हो गई। शिवाजी ने बड़े ध्यान से उन्हें ऊपर से नीचे तक देखा और कहा, ''सचमुच बड़ी सुंदर हो लेकिन अफ़सोस है कि मैं तुम्हारे पेट से पैदा नहीं हुआ, नहीं तो मैं भी तुम्हारी तरह ही सुंदर होता।''

फिर शिवाजी ने बड़े सम्मान के साथ कुरान और बेगम को बहलोल को लौटा दिया। बहलोल इन दोनों वस्तुओं को पाकर बोल उठा— ''शिवाजी इंसान नहीं, फ़रिश्ता है।''

सचमुच शिवाजी ने जो आचरण किया, वह फ़रिश्तों के आचरण जैसा था। आज के समाज में यदि शिवाजी के समान फ़रिश्ते पैदा हों तभी देश में एकता पैदा हो सकती है।

गुरु नानकदेवजी राष्ट्र की एकता के सजीव प्रतीक थे। वह जाति और संप्रदाय के भेद-भाव से अलग होकर लोगों को उपदेश दिया करते थे। वह ऊंच-नीच, हिंदू-मुसलमान, सबको अपना शिष्य बनाते थे और सबके हाथ का बना हुआ भोजन स्वीकार करते थे। गुरु नानकदेवजी की साखियां किसी विशेष जाति और संप्रदाय के लिए नहीं थीं।

गुरु नानकदेवजी ने बहुत से मुस्लिम देशों की यात्रा की। उन्होंने मक्का और मदीने की भी यात्रा की थी। उन्होंने बहुत से मुसलमानों को अपना शिष्य बनाया था। कहा जाता है कि सर्वप्रथम एक मुसलमान ने ही उनका शिष्यत्व स्वीकार किया था और उनके साथ ही भ्रमण किया करता था।

गुरु गोबिंदसिंहजी ने एक अनाथ पठान के लड़के का पालन-पोषण अपने पुत्र के ही समान किया था। यद्यपि गुरुजी के अनुयायियों ने उनके इस कार्य के प्रति असंतोष व्यक्त किया था, पर फिर भी गुरुजी ने उस बालक को पृथक न किया। वह पठान बालक उन्हीं की सेवा में आजीवन लगा रहा।

एक बार कुछ कसाइयों ने कुछ गायों का वध कर दिया। जब हिंदुओं को इस बात का पता चला तो वे बहुत कुपित हुए और उन्होंने बदले में कसाइयों को जान-माल की क्षति पहुंचाई। उन पर हमला करने वालों में गुरु रामसिंहजी का एक शिष्य भी था। गुरु रामसिंहजी ने अपने शिष्य को अपना अपराध स्वीकार करने के लिए कहा और अंत में उनका शिष्य हंसते-हंसते हत्या के अपराध में फांसी पर लटक गया।

संसार में ऐसे इंसानी आचरण के दृष्टांत और भी कहीं मिल सकते हैं? आज के हिंदू, मुसलमान और सिख नेता, यदि इस प्रकार के आचरण उपस्थित करें तो वह राष्ट्रीय एकता पैदा हो सकेगी, जिसकी नींव पर खड़ा होकर देश बड़ी-बड़ी आपदाओं से भी युद्ध करने में समर्थ हो सकता है।

सुप्रसिद्ध क्रांतिकारी अशफ़ाक उल्ला खां लखनऊ जेल में थे। वह काकोरी रेल डकैती में पकड़े गए थे पर मामला अभी विचाराधीन था।

एक दिन गुप्तचर विभाग का एक बहुत बड़ा अफसर जो मुसलमान था, जेल में अशफ़ाक उल्ला खां के पास जा पहुंचा। उसने अशफ़ाक उल्ला खां से कहा— "तुम तो मुसलमान हो। तुम रामप्रसाद बिस्मिल का साथ क्यों देते हो? सच बता दो तो जेल से छोड़ दिए जाओगे।"

अशफ़ाक उल्ला खां ने उस मुसलमान अफसर को गुस्से से कहा— "चुपचाप यहां से चले जाओ। हमारे सामने हिंदू-मुसलमान की बात न करो। हम सब हिंदू-मुसलमान कुछ नहीं, केवल भारतवासी हैं।"

यदि अशफ़ाक उल्ला की तरह देश के सभी हिंदू-मुसलमान सच्चे हृदय से अपने को भारतवासी समझने लगें तो सांप्रदायिक ग्रंथियां बड़ी सरलता से सुलझ जाएंगी।

सुप्रसिद्ध राष्ट्रीय नेता गणेश शंकर विद्यार्थी का बलिदान सदैव राष्ट्रीय एकता का पथ प्रशस्त करता रहेगा।

वे दिन थे, हिंदू-मुसलमान दंगों के। आए दिन बड़े-बड़े नगरों में दंगों की आग भड़क उठती थी। दुर्भाग्य की बात, कानपुर में भी दंगों की आग प्रज्ज्वलित हो उठी। हिंदू-मुसलमान दोनों खूंखार भेड़िये की तरह एक-दूसरे पर झपटने लगे तथा झपट-झपट कर एक-दूसरे का खून पीने लगे। स्त्रियों, बूढ़ों और बच्चों तक का कत्ल बड़ी बेरहमी के साथ किया जाने लगा।

यह सब देखकर विद्यार्थीजी की आत्मा कांप उठी। उन्होंने दंगों की आग को शांत करने के लिए स्वयंसेवकों के दल का संगठन किया। उनके स्वयंसेवकों के दल में हिंदू भी थे, मुसलमान भी थे।

उन्हें जहां से भी दंगे की लपटें उठती दिखाई पड़तीं, वह अपने स्वयंसेवकों के साथ शीघ्र वहां पहुंच जाते और अपनी जान पर खेलकर उस लपट को शांत करने का प्रयास करते। एक दिन दंगों की आग की ज्वाला को शांत करने के ही प्रयास में वह अपने कुछ स्वयंसेवकों के साथ शहीद हो गए। वह शहीद हो गए, पर अपने पीछे वालों के लिए यह आदर्श वाक्य छोड़ गए— ''राष्ट्रीय एकता व्याख्यान से नहीं, त्यागपूर्ण आचरण से पैदा होगी।''

सचमुच यदि समाज के लोग गणेश शंकर विद्यार्थी की तरह एकता के लिए तप-त्यागपूर्ण आचरण उपस्थित करें तो कोई कारण नहीं कि एकता के पौधे में फल-फूल न लगे।

इसी प्रकार के और भी बहुत से विद्वान हुए, जिन्होंने राष्ट्रीय एकता की दृष्टि से, जाति और संप्रदाय के भेद-भाव से ऊपर उठकर केवल मानवता के मार्ग पर ही चलने की प्रेरणा दी है।

आओ, हम तुम सभी प्रतिज्ञाबद्ध होकर उस पर चलें क्योंकि इसी मार्ग पर चलने से देश में पारस्परिक सौहार्द और प्रेम पैदा हो सकता है।

सत्य और प्रेम ही परमात्मा है

गुरु नानकदेवजी महान क्रांतिकारी संत थे। सिख समुदाय के लोग उन्हें ईश्वर का अवतार मानते हैं। उनकी वाणियों को ईश्वर की वाणियों के समान पवित्र मानते हैं। वे उनकी वाणियों का पाठ बड़ी श्रद्धा और प्रेम के साथ करते हैं। उनकी वाणियां गुरु ग्रंथ साहिब में संग्रहीत हैं। यही कारण है कि 'गुरु ग्रंथ साहिब' सिख समुदाय का अत्यंत पवित्र धार्मिक ग्रंथ माना जाता है।

गुरु नानकदेवजी ने परमात्मा को सत्य मानकर उसकी उपासना की थी। सत्य का कोई स्वरूप नहीं होता। वह केवल सत्य होता है, शक्ति होती है, और होती है केवल एक दिव्य ज्योति। गुरु नानकदेवजी ने शक्ति और ज्योति के रूप में परमात्मा की आराधना की थी। उनकी आराधना में ईश्वर निराकार, अलख और निरंजन के रूप में अभिव्यक्त होता है।

यद्यपि गुरु नानकदेवजी के पहले कबीर और रैदासजी ने भी ईश्वर के निराकार और निरंजन रूप की ही आराधना की थी, पर गुरु नानक की आराधना में एक और ही दिव्यता मिलती है। कबीर और रैदास की आराधना में जहां ज्ञान की शुष्कता थी, वहां गुरु नानक की आराधना में भावों की सरसता है। उन्होंने अपनी आराधना में भावों की सरस गंगा बहाकर उसमें जन-जन के हृदय को डुबो दिया है।

गुरु नानकदेवजी की आराधना जन-जन के हृदय को छूती हुई चलती है। वह जाति-पांति, छुआछूत और अमीरी-ग़रीबी से दूर, केवल मानवता की ओर देखती है। वह सत्य रूपी परमात्मा की दिव्य ज्योति का दर्शन सभी प्राणियों में करती है। यही कारण है कि गुरु नानकदेवजी ने सभी जातियों, सभी वर्गों और सभी धर्मों के मनुष्यों को प्रेम के अमृत का घूंट पिलाया है।

गुरु नानकदेवजी मध्यकालीन भारत की एक महान आवश्यकता थे। उनसे पूर्व सारा भारत विभिन्न धर्मों और संप्रदायों में बंटा हुआ था। चारों ओर छुआछूत और ऊंच-नीच की ही भावनाएं फैली हुई थीं। लोग ईश्वर और धर्म के नाम पर केवल आडंबरों के दलदल में ही फंसे हुए थे। आपस में ही लड़ रहे थे तथा अपने हाथों से अपने ही घरों में आग लगा रहे थे। गुरु नानकदेवजी ने ईश्वर की इच्छा से प्रकट होकर सबको एक सूत्र में बांधने का प्रयत्न किया, सबके बीच में मानवीय एकता स्थापित की। उन्होंने चारों ओर घूम-घूमकर अपनी अमृतवाणी का प्रचार किया और एक ओर से दूसरी ओर तक यह संदेश दिया कि ईश्वर सत्य को छोड़कर और कुछ नहीं है। यह ईश्वर किसी जाति और संप्रदाय का न होकर संपूर्ण प्राणियों का है।

गुरु नानकदेवजी ने अपनी वाणियों का अमृत सभी संप्रदायों को पिलाया। उन्होंने अपना अमृत ब्राह्मणों की अंजलि में भी डाला और दलितों की अंजलि में भी। उन्होंने बड़ी निर्भीकता से हिंदुओं और मुसलमानों से कहा— ''परमात्मा, छुआछूत और घृणा में नहीं बसता। वह बसता है— प्रेम में, ईमानदारी में और सच्चाई में। जो लोग प्रेम, ईमानदारी और सच्चाई को अपने हृदय में स्थान देते हैं, वे ही परमात्मा के सच्चे प्रेमी हैं।''

गुरु नानकदेवजी मंदिर-मस्जिद में किसी प्रकार का भेद नहीं समझते थे। वह अलख निरंजन को प्रत्येक जीव के हृदय में देखते थे। वह मंदिर-मस्जिद और काबा-काशी को एक समान समझते थे। यही कारण है कि जहां उन्होंने काशी की यात्रा की, वहीं उन्होंने मक्का की भी यात्रा की। वह जहां जगन्नाथपुरी में गए, वहीं उन्होंने मुस्लिम तीर्थों में भी परि-भ्रमण किया। उन्होंने सर्वत्र ईश्वर की दिव्य-ज्योति का ही दर्शन किया। उस दिव्य-ज्योति के दर्शन किए, जो सभी प्राणियों के शरीर में आत्मा के रूप में निवास करती है।

गुरु नानकदेवजी के जीवन की वह घड़ी सदैव स्मरणीय है, जब वे जगन्नाथपुरी के मंदिर में दर्शनार्थ गए थे। उस समय मंदिर में आरती हो रही थी, पर गुरु नानकदेवजी आरती में शामिल नहीं हुए। वह मंदिर से बाहर निकले और मंदिर के बाहर खड़े होकर उस परमात्मा के ध्यान में मग्न हो गए, जिसकी आरती सूर्य और चंद्रमा करते हैं। उन्होंने अपनी निम्नांकित वाणी में उस घटना का चित्र खींचा है—

''गगनमय थाल रविचंद दीपक बने,
तारक मंडल जनक मोती।

धूप मलयानिलो पवन चंवरी करे,
सकल बनराई फलंत जोती।

कैसी आरती हो भवखंडना तेरी,
आरती अनहता शब्द बाजंत मेरी।''

गुरु नानकदेवजी का जन्म संवत् 1526 के लगभग लाहौर के पास ननकाना साहब में हुआ था। उनके पिता का नाम कालूचंद था। वह पटवारी थे। बाल्यावस्था में ही गुरु नानकदेवजी के हृदय में ईश्वर की भक्ति पैदा हो गई। वह जब कुछ बड़े हुए तो उनके पिता उन्हें खेती के काम पर लगाना चाहते थे। उन्होंने पिता की बात सुनकर उत्तर दिया— ''मैंने तो खेती प्रारंभ कर दी है। मैं अपनी खेती में सत्य के बीज बोता हूं। मेरी खेती में जो फ़सल तैयार होगी, उससे सभी मनुष्यों का कल्याण होगा।''

जब गुरु नानकदेवजी का मन खेती के काम में नहीं लगा तो उनके पिता ने उनसे दुकानदारी करानी चाही। पिता की बात सुनकर उन्होंने कहा— ''मैंने चारों ओर दुकान खोल रखी है। मैं अपनी दुकान पर सत्य का सौदा बेचता हूं। जो मनुष्य मेरे सौदे को खरीदेगा उसका जीवन धन्य हो जाएगा।'' जब गुरु नानकदेवजी का मन दुकानदारी में नहीं लगा तो उनके पिता ने उनसे व्यापार कराना चाहा पर व्यापार में भी उनका मन नहीं लगा। कुछ दिन तक उन्होंने नवाब के यहां नौकरी की। उनका विवाह भी हुआ और दो पुत्र भी हुए, पर उनका मन गृहस्थ जीवन में नहीं लग सका। उन्हें दिव्य-ज्योति के रूप में परमात्मा के दर्शन हुए। उसके पश्चात् उन्होंने घर छोड़ दिया। उन्होंने देश का भ्रमण तो किया ही, मुस्लिम देशों का भी कई बार भ्रमण किया।

गुरु नानक मानवीय एकता और अखंडता के महान प्रचारक थे। उन्होंने प्रेम और भक्ति के द्वारा मनुष्यों में जो एकता स्थापित की, वह युगों-युगों तक याद की जाएगी। आज भी सारा देश उनको एक महान संत, एक दिव्य आत्मा मानता है।

सभी मनुष्य परमात्मा की ही संतान हैं

वारिसअली शाह महान सूफ़ी संत थे। इनका रास्ता प्रेम का रास्ता था। उन्होंने प्रेम के रास्ते से ही अपनी मंज़िल प्राप्त कर ली थी। और वह मंज़िल प्राप्त कर ली थी, जिसे जीवन की आख़िरी मंज़िल कहते हैं और जिस मंज़िल पर प्रकाश को छोड़कर और कुछ नहीं है।

शाह साहब सभी मनुष्यों से प्यार करते थे। उनके लिए हिंदू, मुसलमान और ईसाई— सभी बराबर थे। इसी प्रकार वह मंदिर, मस्जिद और गिरजे को भी एक समान समझते थे। वह कहा करते थे— खुदा का सिंहासन आसमान के ऊपर नहीं है बल्कि हर एक मनुष्य के हृदय में है। अत: खुदा को आसमान में न ढूंढकर मनुष्य के हृदय में ढूंढना चाहिए।

शाह साहब मनुष्य के हृदय को खुदा का घर जानकर, हर एक मनुष्य से प्रेम करते थे, हर एक मनुष्य की भलाई चाहते थे, ग़रीबों को तो वह खुदा का प्यारा दोस्त मानते थे। उन्होंने अपनी सारी संपत्ति ग़रीबों में बांट दी थी। वह फ़क़ीरों और साधुओं में भी बड़ी आस्था रखते थे। वह कहा करते थे— ''फ़क़ीर और साधु ईश्वर के प्यारे बेटे होते हैं। उनकी जितनी भी सेवा की जाए कम ही होगी।''

शाह साहब का कहना था— खुदा का नूर धरती के कण-कण में है। इसीलिए वह ज़मीन पर ही बिना बिस्तर के सोया करते थे। उन्हें ज़मीन पर सोने से जो आराम और सुख मिलता था, वह सुख और आराम चारपाई पर सोने से नहीं मिलता था।

शाह साहब का कहना था— संसार का धन-धान्य सभी मनुष्यों के लिए है। किसी के पास अधिक हो और कोई भूखा मरे— यह खुदाई कानून के विरुद्ध है। सबको भरपेट भोजन मिले— इसलिए शाह साहब ने खाना छोड़ दिया था। वह सात दिनों में एक दिन खाना खाते थे और अपने पास कुछ भी सामान नहीं रखते थे।

शाह साहब जिस तरह खाना बहुत कम खाते थे, उसी तरह बोलते भी बहुत कम थे। वह निरंतर सोचते रहते थे। जब कभी किसी की भलाई करनी होती थी, तो बहुत धीरे-धीरे बोलते थे। जब बोलते थे, तो ऐसा प्रतीत होता था, मानो मोती निर्झरित हो रहे हों।

शाह साहब सभी स्त्रियों को मां के समान समझते थे और इसलिए वह आजन्म ब्रह्मचारी रहे। किसी भी स्त्री को देखते ही उनका मस्तक झुक जाता था और वह सोचते थे कि शायद उसी ने उन्हें पैदा किया है।

शाह साहब का जन्म वि०सं० 1862 में बाराबंकी जनपद के प्रसिद्ध सैयद कुल में हुआ था। उनके पिता का नाम कुरबान अली था। वह बहुत विद्वान थे। उनकी शिक्षा बग़दाद में हुई थी। उनके विचार बड़े ऊंचे और सूफ़ियों के समान थे। कुरबान अली अपने पुत्र का लालन-पालन बड़े प्यार के साथ करते थे पर परमात्मा ने उनके प्यार को टिकने नहीं दिया। शाह साहब जब तीन साल के हुए, तो उनके पिता का देहांत हो गया। एक साल के बाद ही उनके ऊपर से उनकी मां के प्यार की छाया भी उठ गई। वह बिल्कुल खुदा पर आश्रित हो गए। खुदा ने उनके लौकिक प्यार को छीनकर उन्हें अपने प्यार में डुबो दिया।

शाह साहब जन्मजात खुदा का प्रेम लेकर पैदा हुए थे। मां-बाप की मृत्यु के बाद छोटी उम्र से ही वह खुदा का नाम जपने लगे। कहा जाता है कि उन्होंने पांच-सात साल की उम्र में ही पूरा कुरान याद कर लिया था और तभी से वह प्राय: एकांत में बैठे रहते थे और चिंतन-मनन किया करते थे।

शाह साहब जब बारह साल के हुए तो सूफ़ी संत ख़िदमतअली शाह ने उन्हें सूफ़ीमत में दीक्षित किया। दीक्षित होने के बाद वह उन्हीं के पास रहकर खुदा के प्रेम का पाठ पढ़ने लगे।

शाह साहब जब पंद्रह साल के हुए तो यात्रा के लिए निकले। यात्रा में जाने से पहले उन्होंने अपनी सारी पैतृक संपत्ति ग़रीबों और रिश्तेदारों में बांट दी थी। यहां तक कि उन्होंने अपने पिता का पुस्तकालय भी उन्हें दे दिया था।

शाह साहब बारह वर्षों तक लगातार यात्रा करते रहे। वह मक्का, मदीना, सीरिया, मैसोपोटामिया, सोवियत संघ और जर्मनी आदि देशों में दरवेश के रूप में गए। वह जहां भी गए, उनका बड़ा स्वागत-सत्कार हुआ। जर्मनी के बिस्मार्क ने उनके प्रति बड़ी श्रद्धा दिखाई थी।

बारह वर्ष के बाद शाह साहब जब अपने गांव लौटे, तो उनके घर का नामो-निशान भी नहीं था। गांव के लोगों ने उन्हें पहचाना तक नहीं, पर इससे वह ज़रा भी दुखी नहीं हुए। वह देवा चले गए और वहीं रहने लगे।

कई वर्षों के बाद शाह साहब ने फिर मक्का की यात्रा की। कहा जाता है, उन्होंने तीन बार मक्का की यात्रा की थी। वह कुल मिलाकर सात बार हज के लिए गए थे।

शाह साहब ने देवा में ही वि०सं० 1962 में अपने शरीर का परित्याग कर दिया। शरीर छोड़ने के समय उनकी उम्र सत्तर वर्ष थी। हिंदू-मुस्लिम एकता के लिए उनका नाम युगों-युगों तक याद किया जाएगा।

रज्जब चाचा

गांव के एक कोने में रज्जब चाचा का एक छोटा-सा मकान है। वह अपने मकान के बरामदे में बैठकर कपड़ों की सिलाई करते रहते हैं। संध्या, सवेरे, दोपहर, जब जाओ वह अपने बरामदे में बैठकर कपड़े सीते हुए मिलते हैं। यदि कोई उनसे कहता कि रज्जब चाचा आप थोड़ी देर के लिए विश्राम क्यों नहीं कर लेते, तो वह कहते कि ज़िंदगी विश्राम करने के लिए नहीं, काम करने के लिए मिली है।

सात-आठ गांवों के बीच में रज्जब चाचा ही एक ऐसे हैं जो सिलाई का काम करते हैं। अत: उनके पास काम की कमी नहीं रहती। विवाह-शादियों और तीज-त्यौहारों पर तो उनके पास इतना काम आ जाता है कि उन्हें दम मारने की फुर्सत नहीं रहती। वह रात-रातभर अपने पूरे परिवार के साथ जुटे रहते हैं, फिर भी काम निबटा नहीं पाते।

दूल्हे का जोड़ा-जामा बनाने में रज्जब चाचा ने बड़ी ख्याति अर्जित की है। विवाह-शादियों के दिनों में लोग दूर-दूर से उनके पास जोड़ा सिलाने के लिए आते हैं। बहुत से घरों में तो रज्जब चाचा जोड़ा-जामा लेकर स्वयं जाते हैं, अपने हाथों से दूल्हे को जोड़ा-जामा पहनाते हैं। उन्हें इसके लिए अच्छा 'नेग' भी मिलता है।

विवाह-शादियों के दिनों में रज्जब चाचा को इस काम से ही अवकाश नहीं मिलता। लोग उन्हें बड़े चाव से बुलाते हैं। यदि वह स्वयं जोड़ा-जामा पहनाने के लिए न जाएं, तो उनके प्रेमी, परिचित बुरा मानते हैं और फिर उन्हें उसके लिए उलाहना देते हैं। फिर रज्जब चाचा भी करें तो क्या करें। दूल्हे को जोड़ा-जामा पहनाने के लिए उन्हें परिचितों, प्रेमियों के यहां जाना ही पड़ता है।

यद्यपि जोड़ा-जामा पहनाने में रज्जब चाचा को घाटा नहीं होता, क्योंकि लोग उन्हें नेग में ऐसी रकम दे देते हैं जो निश्चित रूप से उनके पारिश्रमिक से अधिक होती है पर यह बात तो है ही कि उन्हें आने-जाने का कष्ट तो उठाना ही पड़ता है।

अब वह अधिक वृद्ध हो गए हैं। सत्तर-पचहत्तर को पार कर गए हैं। लंबा कद, गोरा रंग और दाढ़ी तथा सिर के सफेद बाल हैं। लंबा अंगरखा पहनते हैं। सिर पर सादी टोपी लगाते हैं। घर पर रहते हैं तो पैरों में लकड़ी की चट्टी पहनते हैं। कहीं जाना होता है तो पैरों में मोटे चमड़े की चप्पलें डाल लेते हैं। बूढ़े हो गए हैं, पर अब भी सूई के छेद में बिना चश्मे के ही धागा डाल लिया करते हैं।

रज्जब चाचा ने जब से होश संभाला, तब से ही वह उसी बरामदे में बैठकर कपड़े सीते चले आ रहे हैं। युग बदल गया, लोग धरती पर से चंद्रलोक में चले गए, पर रज्जब चाचा की मशीन में परिवर्तन नहीं हुआ। वही छोटी मशीन जो उनके बचपन में थी, आज भी उनके पास है। रज्जब चाचा के समान वह भी बड़ी तेज़ चलती है। यदि कभी यह बिगड़ जाती है, तो रज्जब चाचा उसे अपने हाथों से ही ठीक कर लेते हैं। वह कहते हैं इस मशीन से उन्हें बड़ा लगाव है, क्योंकि इसके साथ रहते हुए उन्होंने अपनी ज़िंदगी के उतार-चढ़ाव के बहुत से दिन देखे हैं। वह उसे उसी समय छोड़ेंगे जब वह अपनी सांस छोड़ेंगे।

रज्जब चाचा अपने गांव में अपने मज़हब के अकेले ही आदमी हैं। उनके अड़ोस-पड़ोस में अगल-बगल में चारों ओर हिंदू हैं। पूरा गांव हिंदुओं का है पर रज्जब चाचा कभी ऐसा अनुभव नहीं करते कि वह गांव में अकेले हैं। वह पूरे गांव को अपना कुनबा और पूरे गांव के धर्म को अपना ही मज़हब मानते हैं। गांव के छोटे-बड़े सभी लोग उनका बड़ा आदर करते हैं। गांव में जब कभी किसी बात का झगड़ा खड़ा होता है, रज्जब चाचा पहले बुलाए जाते हैं। रज्जब चाचा किसी भी मामले के संबंध में जो कुछ निर्णय कर देते हैं फिर किसी में साहस नहीं होता कि वह उसे बदले या न माने। जो निर्णय को उलटता है, सारा गांव उसके विरुद्ध हो जाता है।

अपने गांव में ही नहीं, दूर-दूर के दूसरे गांवों में भी रज्जब चाचा की बड़ी प्रतिष्ठा है। वह जहां कहीं भी पहुंच जाते हैं, लोग बड़े प्रेम से उनका आदर-सम्मान करते हैं। होली-दीवाली और दशहरे पर दूर-दूर के घरों से उनके पास पकवान पहुंचते हैं। वह स्वयं भी ईद, बकरीद और शबेबरात के अवसरों पर बहुत से लोगों के पास सेवइयां और मिठाइयां भेजा करते हैं।

रज्जब चाचा की इस प्रसिद्धि और उनके इन आदर-सम्मान के मूल में उनके जोड़े-जामे का मुख्य हाथ है। यों उनके गांव में उनकी शख्सियत भी एक बहुत बड़ा अर्थ रखती है, पर दूर-दूर के गांव के लोग तो उन्हें उनके जोड़े-जामे के ही कारण जानते हैं। वह अपनी जवानी के दिनों से ही लोगों के घरों में जाकर, दूल्हे को जोड़ा-जामा पहनाते आ रहे हैं। वह कितने लोगों को जोड़ा-जामा पहनाकर आशीर्वाद दे चुके हैं— इसकी गणना कौन कर सकता है? उनके हाथों से बने हुए जोड़े-जामे से सजकर, विवाह बंधनों में बंधे हुए बहुत से लोग बड़े-बड़े पदों पर आसीन हैं। रज्जब चाचा जब स्वयं उन पदों की बात सुनते हैं, तो प्रसन्न तो होते ही हैं, आश्चर्य में भी डूब जाते हैं।

रज्जब चाचा के जवानी के दिन थे। गांव के ठाकुर सूरजभान के लड़के का विवाह था। सूरजभान का लड़का माताप्रसाद गौर-वर्ण का हंसमुख, सुशील और पढ़ा-लिखा युवक था। उन दिनों उसकी आयु पंद्रह-सोलह वर्ष के लगभग थी। रज्जब चाचा बड़े चाव से विवाह का जोड़ा-जामा सीकर, ठाकुर के आंगन में पहनाने के लिए उपस्थित हुए थे।

रज्जब चाचा ने जब अपने हाथों से दूल्हे को जोड़ा-जामा पहनाकर उसे तैयार किया तो ठाकुर की बांछें खिल गईं। ठाकुर बाग-बाग होकर बोल उठे, ''रज्जब चाचा, तुमने तो कमाल कर दिया। तुम्हारे बनाए हुए जोड़े-जामे में तो मेरा बेटा ऐसा फब रहा है, मानो इंद्र हो।''

रज्जब चाचा बोल उठे, ''तुम्हारे मुंह में घी-शक्कर ठाकुर, खुदा की मेहर हुई तो तुम्हारा बेटा सचमुच इंद्र ही होगा।''

युवक माताप्रसाद ने रज्जब चाचा के पैर छुए। रज्जब चाचा ने प्रसन्न होकर उसके सिर पर अपना दाहिना हाथ रखकर कहा, ''खुदा तुम्हें खुश रखे बेटा! ठाकुर की मुराद पूरी हो। तुम सचमुच इंद्र बनकर अपने देश का नाम रौशन करो।''

ठाकुर ने प्रसन्न होकर रज्जब चाचा को पूरे सौ रुपये का नोट न्योछावर में दिया।

रज्जब चाचा प्रसन्न होकर, आशीर्वाद देते हुए अपने घर चले गए।

धीरे-धीरे दिन बीतते गए। समय बीतने के साथ ही साथ घटनाक्रम भी शुरू हो गया। माताप्रसाद ने वकालत पास की। वह शहर में वकालत करने लगा। कुछ दिनों के पश्चात् वह शहर में ही बस गया। ठाकुर साहब की मृत्यु हो गई। गांव में उनकी याद को छोड़कर उनका कुछ शेष न रह गया था।

पर रज्जब चाचा तो उसी गांव में अपनी ज़िंदगी के दिन पूरे करते रहे। उसी गांव में उनकी युवावस्था समाप्त हुई, उसी गांव में उनकी प्रौढ़ावस्था बीती, अब उसी गांव में उनकी वृद्धावस्था के दिन व्यतीत हो रहे थे। उन्होंने कितनी ही घटनाएं अपनी आंखों से देखीं, कितनी ही घटनाओं की कहानियां उनके कानों में पड़ीं। गांधीजी के तीन-तीन आंदोलनों के चित्र उन्होंने बड़े मज़े में देखे। असहयोग आंदोलन से लेकर भारत छोड़ो तक की घटनाएं उनकी आंखों के सामने घटीं। उन्होंने पाकिस्तान बनने की बात सुनी, उन्होंने उन कहानियों को भी सुना जो हिंदू और मुसलमान दोनों के पागलपन से बनी थीं। उन्होंने इस स्वर्ण विहान को भी देखा जो स्वतंत्रता के रूप में उदित हुआ था। उन्होंने स्वतंत्रता के पश्चात कई चुनाव भी देखे, चुनावों में मतपेटियों में स्वयं मत भी डाले। स्वराज्य होने पर उनके गांव का रंग-रूप ही बदल गया। उनके गांव तक सड़क आ गई और सड़क पर बस भी चलने लगी। पर यह सब होने पर भी, रज्जब चाचा के लिए जैसे कुछ हुआ ही न हो। वह जिस तरह पहले अपने रास्ते पर चल रहे थे, उसी प्रकार अब भी चलते जा रहे हैं। वही मशीन, वही कपड़े, वही सिलाई। बूढ़े हो गए हैं, पर अपने बरामदे में बैठकर खट-खट करते ही रहते हैं।

पर युग की रफ़्तार ने उन पर ही नहीं, उनके काम पर भी प्रभाव अवश्य डाला है। काम तो अब भी उनके पास बहुत आता है, पर अब गांवों में बहुत से ऐसे लोग पैदा हो गए हैं, जिन्हें उनके सिले हुए कपड़े पसंद नहीं आते। उनमें से कुछ लोग ऐसे भी हैं, जो अब अपने कपड़े शहर में सिलवाने लगे हैं। जोड़े-जामे की प्रथा भी अब बहुत कम हो गई है, पर फिर भी रज्जब चाचा का तो काम चलता ही रहता है। न तो कभी उन्हें काम की कठिनाई होती है, और न कभी इस उलट-फेर से परेशानी ही होती है। वह बड़ी उमंग के साथ कहते हैं, ''उलट-फेर तो दुनिया का धर्म है। जो आज है, निश्चय ही वह कल नहीं रहेगा।''

रज्जब चाचा को इस बात की चिंता कभी नहीं सताती कि दुनिया किस ओर जा रही है, इसके विपरीत उन्हें सदा इस बात की चिंता रहती है कि वह स्वयं किस ओर जा रहे हैं। वह बदलते हुए ज़माने की निंदा तो कभी नहीं करते, पर वह ज़माने के प्रभाव में आकर अपनेपन को छोड़ना भी पसंद नहीं करते। उनकी अब भी वही चाल-ढाल हैं, वही मिलनसारी है, जो स्वराज्य के पहले थी। वह मुसलमान अवश्य हैं, पर वह अपने को किसी से अलग नहीं मानते। उनका कहना है, ''हिंदू, मुसलमान, सिख, ईसाई तो धरती की देन हैं। खुदा तो केवल इंसान पैदा करता है।''

अगहन-पौष के दिन थे। रज्जब चाचा की पोती का विवाह था। वह इस विवाह को बड़ी धूमधाम से करना चाहते थे। उनका ख्याल था कि अब शायद वह किसी के विवाह को न देख सकें। अत: वह इस विवाह में अपने मन की हर इच्छा को पूरा कर लेना चाहते थे।

दोपहर का समय था। रज्जब चाचा अपनी पोती को देने के लिए गहने और कपड़े खरीदने के लिए शहर जा रहे थे। यद्यपि उनके गांव से होकर, शहर तक बस जाती थी, पर रज्जब चाचा पैदल ही जा रहे थे। वह पैदल चलने के आदी थे। शहर उनके गांव से अधिक दूर नहीं केवल सात-आठ किलोमीटर के फ़ासले पर था।

रज्जब चाचा जब शहर के पास पहुंचे, तो एक स्कूल के पास भीड़-भाड़ देखकर रुक गए। उन्होंने जब लोगों से पूछा कि यह भीड़-भाड़ क्यों है, तब लोगों ने उन्हें बताया कि शिक्षा-मंत्रीजी आ रहे हैं, यह भीड़ उन्हीं के स्वागत के लिए एकत्र हुई है।

पर रज्जब चाचा को शिक्षा मंत्री से क्या लेना-देना? वह उस भीड़-भाड़ की ओर देखते हुए, शहर की ओर चल पड़े। पर जैसे ही वह शहर की ओर मुड़े, दनदनाती हुई एक कार आ पहुंची। रज्जब चाचा ने बड़ी कोशिश की कि वह शीघ्र ही कार के लिए रास्ता छोड़ दें, पर बूढ़ा शरीर होने के कारण उन्हें कुछ क्षण तो लग ही गए और कार को रुक जाना पड़ा।

पहरे पर नियुक्त सिपाही ने दौड़कर रज्जब चाचा को डांट लगाई और उन्हें पकड़कर पटरी पर कर दिया।

कार चली, पर फिर रुक गई। सहसा कार का द्वार खुला और एक प्रौढ़ व्यक्ति बाहर निकले। वह कोई और नहीं, स्वयं मंत्री महोदय थे। वह किसी और को अवसर और समय न देकर शीघ्र दौड़कर रज्जब चाचा के पास जा पहुंचे। उन्होंने कुछ कदम के फ़ासले से ही पुकारते हुए कहा, ''रज्जब चाचा! रज्जब चाचा!!''

रज्जब चाचा जब तक कुछ कहें न कहें, मंत्री महोदय ने दौड़कर उनके चरण स्पर्श कर लिए। रज्जब चाचा ने बिना पहचाने हुए ही दोनों हाथों से उन्हें पकड़कर अपने सीने से लगा लिया। रज्जब चाचा ने जब उन्हें अपने सीने से लगाते हुए उनकी मुखाकृति को ग़ौर से देखा तो हठात् उनके मुख से निकल पड़ा— ''माताप्रसाद! तुम माताप्रसाद हो!!''

हां वह रज्जब चाचा के गांव के ठाकुर सूरजभान के बेटे माताप्रसाद ही थे, जिन्हें कभी रज्जब चाचा ने 'इंद्र' बनने का आशीर्वाद दिया था। वह रज्जब चाचा के आशीर्वाद से 'इंद्र' तो नहीं, पर शिक्षा मंत्री अवश्य हो गए थे।

शिक्षा मंत्री महोदय बोल उठे— ''हां, रज्जब चाचा, मैं माताप्रसाद ही हूं। आपने तो मुझे 'इंद्र' बनने का आशीर्वाद दिया था।''

रज्जब चाचा की आंखें सजल हो गईं। उनकी आंखों से आनंद और प्रसन्नता की बूंदें टपककर गिरने लगीं। उन बूंदों में वह देखने लगे वे दिन, जब उन्होंने माताप्रसाद के विवाह के अवसर पर उन्हें जोड़ा-जामा पहनाकर उनके सिर पर हाथ रखकर उन्हें 'इंद्र' बनने का आशीर्वाद दिया था।

रज्जब चाचा की आंखों के आंसू के उत्तर में शिक्षा मंत्री महोदय की आंखें सजल हो उठीं। उन्होंने अपने अश्रु-बूंदों में बहुत से स्मृति चित्र देखें, फिर कुशल-क्षेम और हाल-चाल! रज्जब चाचा ने उन्हें बताया कि उनकी पोती का विवाह 10 दिसंबर को है। वह उसी के लिए शहर जा रहे हैं। आज ही शाम तक घर लौट जाएंगे।

शिक्षा मंत्री महोदय ने अपनी डायरी निकाल कर उसमें 10 दिसंबर के दिन कुछ लिखकर रज्जब चाचा को बड़ी नम्रता से नमस्कार किया और फिर चले गए।

रज्जब चाचा ने भी अपनी आंखों के आंसू पोंछते हुए शहर का रास्ता पकड़ा।

दस दिसंबर का दिन था। सूर्य डूब चुका था। रज्जब चाचा अपनी पोती के विवाह के काम-काज को लेकर बहुत व्यस्त थे। यद्यपि बारात आने में अभी घंटों की देर थी, पर फिर भी रज्जब चाचा जैसे चरख पर सवार हों। कभी इधर कभी उधर, कभी भीतर और कभी घर के बाहर। उनके पैरों में जैसे विद्युत की सी गति पैदा हो रही थी।

सहसा एक कार आकर रज्जब चाचा के दरवाज़े पर रुकी। रज्जब चाचा ने आश्चर्यचकित होकर कार की ओर देखा। कार का द्वार खोलकर शिक्षा मंत्री माताप्रसाद उतर रहे थे।

रज्जब चाचा ने दौड़कर माताप्रसाद को पकड़कर अपनी छाती से लगा लिया। उनके मुख से अपने-आप ही निकल पड़ा, ''अरे बेटा, तुमने क्यों कष्ट किया।''

रज्जब चाचा की आंखें भर आईं। उन्होंने शिक्षा मंत्री महोदय को अपने आंसुओं से भिगो दिया। उन्हें बड़े आदर से अपने बरामदे में ले जाकर कुर्सी पर बिठाया। सारे गांव में बिजली की तरह ख़बर फैल गई। लोग दौड़-दौड़कर आ पहुंचे। किसी ने उन्हें पहचाना और किसी ने नहीं पहचाना पर यह बात तो छोटे-बड़े सभी की जुबान पर थी कि शिक्षा मंत्री उन्हीं के गांव के हैं, उन्हीं में से एक हैं।

शिक्षा मंत्री महोदय को उसी दिन रात में राजधानी पहुंच जाना था। अत: उन्होंने शीघ्र ही चाय-पानी करके रज्जब चाचा से छुट्टी ली। रज्जब चाचा और गांव के लोग उन्हें कार तक पहुंचाने के लिए आए। उन्होंने रज्जब चाचा के पैरों को छूकर कार में बैठते हुए कहा, ''चाचा, आप क्या करते हैं?''

रज्जब चाचा ने उत्तर दिया, ''यहीं बरामदे में पुरानी मशीन से सिलाई करता हूं।''

''अब तो सिलाई की नई-नई आधुनिक मशीनें आ गई हैं। मैं बैंक से सिफ़ारिश कर देता हूं। आप नई मशीन ले लें।''

रज्जब चाचा ने कोई उत्तर नहीं दिया।

कुछ दिनों के बाद लोगों ने बड़े आश्चर्य के साथ देखा कि रज्जब चाचा नई मशीन पर सिलाई कर रहे हैं और खूब खुश हैं।

एक ही जीवन-एक ही प्राण

रामदीन मेहतर था। काला उसका रंग था, मलिन उसका वेश था, पर हृदय उसका बड़ा उज्ज्वल था। वह शिवजी का अनन्य भक्त था। उसके हृदय में सदा प्रेम और भक्ति की वीणा बजती रहती थी। उससे सभी लोग बचकर चलते थे, पर वह सबको अपना प्रेम बांटता हुआ चलता था।

रामदीन प्रतिदिन प्रातःकाल उठता, झाड़ू लेकर शिवजी के मंदिर के पास पहुंच जाता। वह बड़े चाव से आस-पास की धरती और रास्तों को झाड़ू से साफ़ करता। उसे इस बात का दुख होता कि वह मंदिर के भीतर जाकर झाड़ू नहीं लगा सकता, पर वह अपने उस दुख को दुख नहीं मानता था। वह यह सोचकर अपने उस दुख को सदा भूला-सा रहता कि उसके शिवजी मंदिर में ही नहीं सब जगह रहते हैं, कण-कण में समाए रहते हैं।

रामदीन मंदिर के आस-पास की सफ़ाई करके मंदिर के पीछे एक बैल के पास बैठ जाता। सब तो उसे देखकर अपना रास्ता तक छोड़ देते थे, पर रामदीन जब उसके पास बैठता तो उसके गले में अपनी बांहें डाल देता। उसे ऐसा लगता मानो वह अपने आराध्य देव के गले में ही अपनी बांहें डाल रहा हो। उसके अंग-अंग में पुलक पैदा हो जाती। उसकी आंखों से अश्रु-प्रवाह होने लगता। वह बैल भी चुपचाप उसकी बांहों में ऐसे अपना सिर झुका लेता मानो सचमुच उसका उससे जन्म-जन्म का रिश्ता हो। देखने वाले रामदीन के प्रेम और भक्ति की प्रशंसा तो करते, पर फिर भी वे उसके स्पर्श से अपने को दूर ही रखते थे लेकिन रामदीन को इसकी चिंता कहां थी कि कोई उसे प्यार करता है या घृणा! उसके हृदय में तो दिन-रात प्रेम और सौहार्द का महासागर-सा उमड़ता रहता था।

बस्ती के घर-घर में रामदीन के प्रेम और भक्ति की चर्चा थी। लोग उसके प्रेम और भक्ति से लेना तो बहुत कुछ चाहते थे पर उसे देना कुछ भी नहीं चाहते थे। किसी के घर कोई बीमार होता या किसी पर कोई आपदा पड़ती तो वह आशीर्वाद के लिए झट रामदीन के पास पहुंच जाता। पर जब उसके पास से लौटकर आता, तो स्नान किए बिना न रहता। रामदीन लोगों के इस व्यवहार से परिचित था, पर फिर भी वह किसी का बुरा नहीं मानता था। वह बुरा मानता भी तो कैसे मानता? उसके मन में तो प्रेम, सौजन्य और उदारता को छोड़कर, दूसरी कोई वृत्ति थी ही नहीं।

महाशिवरात्रि की पौ फट रही थी। यद्यपि अभी कुछ-कुछ अंधेरा शेष था पर आरती के लिए दर्शनार्थियों की भीड़ चारों ओर से उमड़ी आ रही थी। मंदिर का घंटा रह-रहकर घहरा रहा था। पुजारी

घहराते हुए घंटे की गंभीर आवाज़ में बड़ी तेज़ी से शिवजी की आरती स्तोत्रों के साथ कर रहा था। भक्तों और प्रेमियों के कंठों से निकलकर शिवजी के स्तोत्र घंटे की आवाज़ से मिलकर गूंजते से जान पड़ रहे थे। लगता था, मंदिर के विशाल आंगन से लेकर, ऊपर आकाश तक स्वरों की सीढ़ियां सज गईं हों, जिनके द्वारा प्रेमियों का प्रेम और भक्ति और ऊपर उठती जा रही हो, बहुत ऊपर!

सहसा प्रेमियों और भक्तों में एक ओर बड़े ज़ोर का स्वर गूंज उठा, ''रामदीन! मेहतर रामदीन।'' लोगों के जुड़े हुए हाथ खुल गए, कंठ बंद हो गए। लोग, इधर से उधर हटने-खिसकने लगे। ऐसा लगा मानो उनके बीच में कोई विषैला जंतु घुस गया हो, जिससे वे अपने को बचाने की चेष्टा कर रहे हों।

पर वह कोई विषैला जंतु नहीं, स्वयं रामदीन था। वह प्रतिदिन सवेरे मंदिर के घंटे की आवाज़ सुना करता था। उसने इसके पहले अनेक बार महाशिवरात्रि की आरती के घंटे की आवाज़ भी सुनी थी, पर वह कभी मंदिर के भीतर नहीं गया। वह सदा मंदिर के पीछे बैठकर हवा में गूंजती हुई आरती

की मधुर स्वरलहरियों से ही अपने मन-प्राणों को संतृप्त कर लिया करता था। पर आज जब उसके कानों में घंटे की आवाज़ के साथ ही साथ आरती-स्तोत्रों के स्वर पड़े, तो उसे ऐसा लगा, जैसे आरती के स्तोत्रों के स्वर घंटे की आवाज़ के साथ मिलकर उसे मंदिर के भीतर बुला रहे हों। वह अपने को भूलकर मंदिर के भीतर जा पहुंचा और भक्तों तथा प्रेमियों के बीच में खड़ा होकर, शिवजी की प्रतिमा की ओर देखता हुआ, अपने कानों और नेत्रों को तृप्त करने लगा।

पर जब भक्तों और प्रेमियों की दृष्टि रामदीन पर पड़ी, तो उनकी भक्ति और प्रेम पर तुषार-सा पड़ गया। वह केवल अपने को ही नहीं, शिवजी और उनकी प्रार्थना को भी भूलकर बड़े ज़ोर से चीख उठे, ''रामदीन, मेहतर रामदीन!''

बिजली की तरह ख़बर सारे मंदिर में गूंज गई, ''रामदीन मेहतर!'' रामदीन से मंदिर में लोग सिकुड़ कर एक ओर हो गए। रामदीन अकेला अपने दोनों हाथों को जोड़े हुए, शिवजी के सामने खड़ा था। हठात् मंदिर के भीतर फिर बड़े ज़ोर से एक आवाज़ गूंजी, ''मारो उसे, वह पापी है, हरिजन है।''

और उस आवाज़ के साथ ही साथ रामदीन पर जूतों और चप्पलों की वर्षा होने लगी। रामदीन का सिर फूट गया। उसके सिर से रक्त की धारा बहने लगी। फिर भी वह दोनों हाथ जोड़े हुए खड़ा था। उसकी दृढ़ता ने लोगों को दहला दिया, पर फिर भी उनकी ओर से रामदीन पर चप्पलों, जूतों और छड़ियों की वर्षा होती ही रही।

अचानक एक मृदुल वाणी वायुमंडल में गूंज उठी, ''यह क्या कर रहे हो, शिवजी के भक्तो और प्रेमियो! क्या तुम्हारे प्रेम और भक्ति का यही रूप है?''

लोगों ने बड़े आश्चर्य के साथ देखा, वह एक महान तेजस्वी संन्यासी थे। उन्होंने जूतों और चप्पलों में घुसकर, रामदीन को अपनी स्नेहमयी बांहों में ले लिया। लोग आश्चर्यचकित होकर संन्यासी की ओर देखने लगे।

संन्यासी ने सबको सुनाते हुए वेदमयी वाणी में कहना आरंभ किया, ''तुम किसे जूतों और चप्पलों से मार रहे हो! तुम समझते हो, तुम दूसरे पर जूते और चप्पल फेंक रहे हो! नहीं, तुम अपने हाथों से, अपने ही ऊपर जूते-चप्पल फेंक रहे हो। तुम अपने हाथों से ही अपना सिर फोड़ रहे हो। धिक्कार है तुम्हें!''

संन्यासी का मुखमंडल उद्दोप्त हो उठा। वह विचारों की लहरों में डूब गए। वह कुछ क्षणों तक अपनी 'तेजोमयी' दृष्टि से भक्तों और प्रेमियों की ओर देखते रहे, उसके बाद उन्होंने फिर कहना आरंभ किया, ''तुम्हारे भीतर दूसरा जीवन है, दूसरे प्राण हैं। नहीं, जो जीवन और जो प्राण तुम्हारे भीतर प्रकाशित हैं, वही इस रामदीन के भीतर हैं। इसमें और तुम्हारे में कोई अंतर नहीं, यह तुम्हारा ही एक दूसरा रूप है। अंतर है तो केवल इस बात का कि तुम सफेद वस्त्र पहने हुए हो और उसके शरीर पर मलिन वस्त्र है, पर यह अंतर तो बाहरी बनावटी है। अंदर से तो शुद्ध चेतन आत्मा सभी में विराजमान

है। यह शरीर जिसे तुम महत्व दे रहे हो वह तो नाशवान है। अमर है तो केवल आत्मा। तुम अविवेक के पर्दे को हटाओ।''

संन्यासी अपनी बात समाप्त ही कर रहे थे कि भक्तों और प्रेमियों के बीच से एक स्वर निकलकर आसपास गूंज उठा, ''हम और रामदीन कैसे एक हो सकते हैं महात्मन्! रामदीन मेहतर है, और हम-हम...।''

संन्यासी बीच में ही बोल उठे, ''और हम ब्राह्मण हैं, उच्च वर्ग के हैं। यही न! पर क्या ब्राह्मण के शरीर के भीतर कोई दूसरा जीवन होता है, कोई दूसरे प्राण होते हैं? नहीं जो जीवन और प्राण ब्राह्मण के शरीर में होता है, वही मेहतर के शरीर के भीतर होता है। क्या सूर्य दो होते हैं? आकाश दो होते हैं? क्या हवा दो होती हैं और क्या पृथ्वी दो होती हैं? नहीं होती। इसी प्रकार जीवन और प्राण दो नहीं होते। ब्राह्मण-शूद्र, नीच-ऊंच, यह सब बनावटी भेद हैं, लौकिक भेद हैं, मनुष्य द्वारा बनाया हुआ भेद है। शूद्र, नीच-ऊंच संबंधी भेद तो मिट सकते हैं, मिटाए जा सकते हैं, पर जीवन और प्राण को कभी नहीं मिटाया जा सकता; क्योंकि वह सत्य है, नित्य है। जीवन और प्राण की धारा अनादिकाल से बहती चली आ रही है, और अनादि काल तक इसी प्रकार बहती हुई चली जाएगी। यह कभी न खत्म होने वाली गाथा है।''

संन्यासी के मुख से निकली हुई मर्मस्पर्शी वाणी भक्तों और प्रेमियों के हृदय को छू गई। सब मंत्रमुग्ध से संन्यासी की ओर देखने लगे। संन्यासी स्वयं अपने विचारों में डूबकर आत्म-विस्मृत हो गए।

संन्यासी कुछ क्षणों तक अपने विचारों में खोए से रहे। उसके बाद संन्यासी ने फिर कहना आरंभ किया, ''हम तुम्हें वेद की एक ऋचा और उसकी व्याख्या सुना रहे हैं। तुम उसमें यह देखोगे कि जीवन और प्राण का एक ही दीप है, जो सभी मनुष्यों के भीतर प्रकाशित रहता है।''

वेद की इस ऋचा का अर्थ है, ''अंतरिक्ष में प्राणों के स्वर सदा गुंजायमान रहते हैं। वे एक समान होते हैं। उनमें कोई किसी प्रकार का भेद और अंतर नहीं होता।''

एक बहुत बड़े विद्वान ने वेद की इस ऋचा की व्याख्या इस प्रकार की है, ''वेद के ज्ञानी ऋषियों ने कल्पना की थी कि अंतरिक्ष में सर्वत्र एक पीपल के पेड़ की अगणित और अनंत शाखाएं फैली हुई हैं। वृक्ष की जड़ें रहस्यलोक में हैं। उसकी एक शाखा पर दो सुवर्ण पक्षी बैठे हैं।''

''वे दोनों पक्षी भिन्न होते हुए भी अभिन्न हैं। दोनों में एक समानता है। दोनों अनादि काल से स्वर संधान कर रहे हैं। उनके स्वरों का कंपन सारे विश्व में व्याप्त है।''

''उन दोनों पक्षियों में, एक पक्षी का स्वर ही मानव-मात्र के भीतर गुंजायमान है। वह स्वर प्राण और जीवन को छोड़कर कुछ और नहीं है। वह एक है। उसमें कोई अंतर नहीं है।''

''जो प्राण और जीवन में अंतर मानता है, वह ईश्वर से दूर है, बहुत दूर है। उसे परमात्मा नहीं मिल सकता, कभी नहीं मिल सकता।''

संन्यासी अपनी बात समाप्त ही कर रहे थे कि मंदिर का घंटा अपने-आप ही बड़े ज़ोरों से बजने लगा। मंदिर के घंटे के बजने के साथ ही साथ भक्तों और प्रेमियों के मुख से अपने-आप ही निकल पड़ा, ''संन्यासी महाराज की जय, रामदीन की जय।''

उस दिन से मंदिर के द्वार सभी मनुष्यों के लिए खोल दिए गए। उस दिन से सभी जाति और धर्म के मनुष्य मंदिर में स्वर में स्वर मिलाकर बोलने लगे, ''जीवनेश की जय, प्राणेश की जय।''

परमात्मा को जीवों में ही खोजिए

दरिया साहब परम पुरुष के अनन्य प्रेमी थे। उसका परम पुरुष न हिंदू था, न मुसलमान था। वह न हिंदुओं का राम था, न मुसलमानों का मुहम्मद साहब था और न ईसाइयों का ईसा था। वह केवल परम पुरुष था, जो राम भी था और मुहम्मद भी और जो ईसा भी था और कृष्ण भी। उसके रहने की जगह, अयोध्या, मथुरा और मक्का से बड़ी दूर अनंत लोक में थी। दरिया साहब ने उसके रहने की जगह का एक चित्र इस तरह खींचा था—

बुध जन, चलहु अगम पथ भारी।
तुमतें कहां समुझ जो आवे, अवरि के बार सम्हारी॥
कांट कूस पाहन नहिं तहवां, नाहिं विटप बन झारी।
वेद कितेब पंडित नहिं तहवां, बिनु मसि अंक संवारी॥
नहिं तहं सरिता समुद्र न गंगा, ग्यान के गमि उजियारी।
नहिं तहं गनपति फनपति ब्रह्मा, नहिं तहं सृष्टि संवारी।
सरग पताल मृत लोक के बाहर, तहवां पुरुष भुषारी।
कहें 'दरिया' तहं दरसन सत है, संतन होहु बिचारी॥

दरिया साहब ने अपने परम पुरुष के लोक को निर्भय लोक और सतलोक की संज्ञा दी है। उन्होंने बार-बार कहा है— ''मैं निर्भय लोक से आया हूं और पुन: निर्भय लोक में ही चला जाऊंगा।''

दरिया साहब ने निर्भय लोक में जाने का मार्ग भी बताया है। उन्होंने कहा है— ''निर्भय लोक में वही मनुष्य जा सकता है, जो जन-जन से प्रेम करता हुआ परम पुरुष के नाम को जपता है और जो सभी जीवों में परम पुरुष की ज्योति को देखता हैं।''

दरिया साहब संसार को मिथ्या और परम पुरुष के लोक को सत्य मानते थे। उन्होंने अपने पदों में कहा है— ''यह संसार मिथ्या है। जीव अकेला संसार में आता है और अकेला ही चला जाता है। माता-पिता, भाई-बंधु, पत्नी और मित्र—कोई भी साथ नहीं देता। जीव को अकेले ही अपनी यात्रा पूरी करनी होती है और अकेले ही यात्रा के दुखों और सुखों को सहना पड़ता है।''

दरिया साहब ने अपने परम पुरुष की आराधना ब्रह्म रूप में की है। उन्होंने कबीर की तरह ब्रह्म से रसमय संबंध स्थापित किया है। उन्होंने जीव को प्रेमिका और ब्रह्म को प्रियतम मानकर दोनों में

मधुर संबंध स्थापित किया है। उन्होंने कबीर की तरह जगत को जीव का पीहर और परम पुरुष के लोक को उसकी ससुराल मानकर भावपूर्ण चित्र भी खींचे हैं। उनके चित्रों पर स्पष्टतः कबीर का प्रभाव दिखाई देता है, पर उसमें अपनापन भी है, जो बड़ा मधुर और बड़ा प्रेरक है तथा जिसमें सभी जातियों और मज़हबों को मानने वालों को प्रेरणा मिलती है।

दरिया साहब कबीर के अवतार माने जाते हैं। कहा जाता है कि कबीर ने स्वयं शरीर धारण करके दरिया साहब को बचपन में दीक्षा दी थी। चाहे जो हो, पर यह तो सत्य ही है कि कबीर की भांति ही दरिया साहब ने भी निर्गुण ब्रह्म का संदेश दिया है। उस ब्रह्म का संदेश दिया है, जो किसी एक जाति और संप्रदाय का न होकर सभी प्राणियों का है।

दरिया साहब का जन्म वि०सं० 1691 में बिहार प्रदेश में घरकंधा नामक गांव में हुआ था। कहा जाता है कि उनके पूर्वज मालवा के रहने वाले क्षत्रिय थे, जो किसी कारणवश मालवा छोड़कर बिहार के जगदीशपुर राज्य में जाकर बस गए थे। उनके पिता का नाम पुष्पसिंह था। कहा जाता है कि उन्होंने अपने भाई के प्राण बचाने के लिए औरंगज़ेब की बेगम की दर्जिन की लड़की से विवाह कर लिया था और इस्लाम धर्म स्वीकार कर लिया था।

दरिया साहब का जन्म बेगम की दर्जिन की लड़की के गर्भ से ही घरकंधा नामक गांव में हुआ था। यह गांव उनकी मां का पीहर था। या यों कहिए कि उनका जन्म उनके ननिहाल में हुआ था। जब वह कुछ बड़े हुए तो उनके जीवन में एक बड़ी अनोखी घटना घटी। एक दिन उनके घर पर एक अद्भुत संत का आगमन हुआ। संत ने दरिया साहब को दीक्षा देकर उनका नाम दरिया दास रख दिया।

कहा जाता है कि वह संत स्वयं कबीर थे। दीक्षा के बाद दरिया साहब के हृदय में प्रेम और भक्ति का सागर उमड़ पड़ा। यद्यपि उनका विवाह हुआ, उनके बाल-बच्चे भी हुए और वह सदा गृहस्थ जीवन में ही रहे, पर उन्होंने अपने जीवन प्रेम और भक्ति का संदेश दिया। उन्होंने चारों ओर घूम-घूमकर ब्रह्मवाद का प्रचार किया और उस प्रचार के रूप में जन-जन को एकता के सूत्र में बांधने का प्रयत्न किया।

दरिया साहब के प्रेम और भक्ति के कारण हिंदू और मुसलमान दोनों उन्हें अपना मसीहा मानते थे। बिहार का नवाब उनके प्रेम पर फ़िदा था। उसने उनके प्रेम पर मुग्ध होकर उन्हें कई बीघे ज़मीन भी दे थी।

दरिया साहब जब तक धरती पर रहे, प्रेममयी भक्ति का प्रचार करते रहे। लोगों को मानवीय एकता का संदेश देते रहे। उन्होंने कई पुस्तकों की भी रचना की है। उनकी पुस्तकों में इस समय भी भारतीय जनमानस को उनकी मानवीय एकता का संदेश मिलता है।